Korte Verhalen in het Italiaans

Korte verhalen in Italiaans voor beginners en gevorderden

Roberto Colombo

Inhoud

Inleiding
Hoe te gebruiken
Leesgids

Een dag in Rome
Een wandeling door Venetië
Ontdekkingstocht door Florence
Sardinië ontdekken
De Amalfikust
Toscane
Comomeer
De Italiaanse Alpen
Het eiland Sicilië
Nacht in Noord-Italië
Op het strand
Kamperen aan het meer
Het huis
In de trein
Eten koken
Naar huis lopen
Het kasteel
Mijn tuin
Gaan winkelen
Op de markt
In het café
Gaan zwemmen
Het gras maaien
Naar de kapper
Het park

Inleiding

Lezen in een vreemde taal is een van de meest effectieve manieren om uw taalvaardigheid te verbeteren en uw woordenschat uit te breiden. Toch kan het soms moeilijk zijn om boeiend leesmateriaal op een geschikt niveau te vinden dat een gevoel van prestatie en vooruitgang geeft. De meeste boeken en artikelen die voor moedertaalsprekers zijn geschreven, kunnen te lang zijn en moeilijk te begrijpen, of kunnen een woordenschat op zeer hoog niveau hebben, zodat u zich overweldigd voelt en het opgeeft. Als deze problemen bekend klinken, dan is dit boek iets voor jou!

Korte Verhalen in het Italiaans is een verzameling van 25 onconventionele en onderhoudende korte verhalen die zijn ontworpen om beginnende tot gemiddeld niveau Italiaans lerenden te helpen hun taalvaardigheden te verbeteren.

Deze korte verhalen creëren een ondersteunende leesomgeving door het opnemen van:

- Rijke taalkundige inhoud in verschillende genres om u te vermaken en u bloot te stellen aan een verscheidenheid van woordvormen.
- Kortere verhalen in hoofdstukken om u de voldoening te geven verhalen af te maken en snel vooruitgang te boeken.
- Teksten die op uw niveau geschreven zijn, zodat ze gemakkelijker te begrijpen zijn en niet overweldigend.
- Nederlandse vertaling op wisselende pagina's, zodat u er regel voor regel direct naar kunt verwijzen terwijl u het Italiaans verhaal leest.
- De belangrijkste woordenschat staat vetgedrukt in

het hele verhaal en de vertaling, zodat u onbekende woorden gemakkelijker kunt begrijpen.
- Begrijpelijke vragen om uw begrip van belangrijke gebeurtenissen te testen en om u aan te moedigen meer in detail te lezen.

Dus of u nu uw woordenschat wilt uitbreiden, uw begrip wilt verbeteren of gewoon voor uw plezier wilt lezen, dit boek is de grootste stap voorwaarts die u dit jaar in uw studie zult maken. Korte Verhalen in het Italiaans geeft u alle steun die u nodig hebt, dus leun achterover, ontspan, en laat uw fantasie de vrije loop terwijl u wordt meegevoerd naar een magische wereld van avontuur, mysterie en intrige - in het Italiaans!

Hoe dit boek te gebruiken

Lezen is een moeilijk talent om onder de knie te krijgen. We gebruiken een reeks microvaardigheden om ons te helpen lezen in onze moedertaal. We kunnen bijvoorbeeld een passage doornemen om een globaal idee te krijgen van waar het over gaat. Of we kammen een groot aantal bladzijden van een treindienstregeling door op zoek naar een specifieke tijd of plaats. Terwijl deze microvaardigheden een tweede natuur zijn bij het lezen in onze moedertaal, blijkt uit onderzoek dat we de meeste ervan vaak vergeten bij het lezen in een vreemde taal. Wanneer we een vreemde taal leren, beginnen we gewoonlijk bij het begin van een tekst en werken we ons een weg door de tekst, waarbij we elk woord proberen te begrijpen. Onvermijdelijk komen we onbekende of ingewikkelde termen tegen en raken we geïrriteerd door ons onvermogen om ze te begrijpen.

Een van de grootste voordelen van het lezen in een vreemde taal is dat je wordt blootgesteld aan een groot aantal zinnen en uitdrukkingen die in alledaagse situaties worden gebruikt. Extensief lezen is een term die wordt gebruikt om het lezen voor plezier aan te duiden om een taal te leren. Het is niet zoals het lezen van een tekstboek, wanneer gesprekken of teksten zijn ontworpen om langzaam en zorgvuldig te worden gelezen met het doel om elk woord te begrijpen. "Intensief lezen" verwijst naar lezen dat wordt gedaan om specifieke leerdoelen te bereiken of taken te voltooien. Anders gezegd, intensief lezen in tekstboeken helpt meestal bij het leren van grammaticaregels en bepaalde woordenschat, maar extensief lezen van verhalen helpt bij het leren van natuurlijke taal.

Korte Verhalen in het Italiaans biedt u de mogelijkheid om meer te leren over natuurlijk Italiaans taalgebruik, ook al bent u uw taalleertocht misschien begonnen met uitsluitend tekstboeken. Hier zijn een paar tips om in gedachten te houden als u de verhalen in dit boek leest om er het meeste uit te halen: Als het op lezen aankomt, zijn plezier en een gevoel van vervulling van cruciaal belang. Je blijft terugkomen voor meer omdat je geniet van wat je aan het lezen bent. Elk verhaal van begin tot eind lezen is de beste methode om plezier te beleven aan het lezen van verhalen en je volbracht te voelen. Het belangrijkste is dan ook om het einde van een verhaal te halen. Dat is eigenlijk nog belangrijker dan elk woord te kennen.

Hoe meer je leest, hoe meer kennis je zult opdoen. U zult snel een kennis hebben van hoe Italiaans werkt als u grotere boeken leest voor uw plezier. Bedenk echter wel dat u, om ten volle van de voordelen van extensief lezen te kunnen profiteren, eerst een voldoende omvangrijk boek moet lezen. Door hier en daar een paar bladzijden te lezen leert u misschien een paar nieuwe woorden, maar het zal geen significant verschil maken in uw algehele niveau van Italiaans.

Accepteer dat je niet alles zult begrijpen van wat je in een roman leest. Dit is, zonder twijfel, het meest cruciale punt! Onthoud altijd dat het volkomen aanvaardbaar is dat u niet alle woorden of zinnen begrijpt. Het betekent niet dat je taalvaardigheden ontoereikend zijn of dat je slecht presteert. Het geeft aan dat u actief betrokken bent bij het leerproces.

Leesgids

Om het meeste uit het lezen van Korte Verhalen in
het Italiaans te halen, kunt u het beste dit eenvoudige
leesproces in zes stappen volgen voor elk hoofdstuk van
de verhalen:

1. Lees de titel van het hoofdstuk. Denk na over waar
het verhaal over zou kunnen gaan. Lees dan het verhaal
helemaal door. Uw doel is gewoon het einde van het
verhaal te bereiken. Stop daarom niet om woorden op
te zoeken en maak u geen zorgen als er dingen zijn die u
niet begrijpt. Probeer gewoon de plot te volgen.

2. Wanneer u het einde van het verhaal hebt bereikt,
scant u de Nederlandse vertaling om te zien of u hebt
begrepen wat er is gebeurd en pikt u alle context op die
u misschien hebt gemist.

3. Ga terug en lees hetzelfde verhaal opnieuw. Als u
wilt, kunt u zich meer op de details van het verhaal
concentreren, maar anders leest u het gewoon nog een
keer door.

4. Werk vervolgens door de begripsvragen in Italiaans
om te controleren of u de belangrijkste gebeurtenissen
in het verhaal begrijpt. Als u de vragen niet helemaal
begrijpt, hoeft u zich geen zorgen te maken. Gebruik uw
kennis om zo goed mogelijk te antwoorden.

5. Op dit punt moet u de belangrijkste gebeurtenissen
van het hoofdstuk enigszins begrijpen. Als dat niet het
geval is, kunt u het hoofdstuk een paar keer herlezen,
waarbij u de vertaling gebruikt om onbekende woorden
en zinnen te controleren, totdat u zich zeker voelt.

Zodra u klaar bent en zeker weet dat u begrijpt wat er is gebeurd - of dat nu na één lezing van het verhaal is of na meerdere - gaat u verder met het volgende verhaal en geniet u verder van het verhaal in uw eigen tempo, net zoals u van elk ander boek zou genieten.

Pas als u een verhaal in zijn geheel hebt uitgelezen, moet u overwegen terug te gaan en de verhaaltaal desgewenst verder uit te diepen. Of in plaats van u zorgen te maken of u alles begrijpt, de tijd te nemen om u te concentreren op alles wat u hebt begrepen en uzelf te feliciteren met alles wat u hebt gedaan.

Korte Verhalen

in het Italiaans

Roberto Colombo

Un giorno a Roma

La giornata è **iniziata** presto per Roma. Il sole è sorto sulla città, proiettando un caldo bagliore sugli antichi edifici e sulle strade. C'era una **sensazione** di eccitazione nell'aria, mentre la gente cominciava a svegliarsi e a prepararsi per la giornata che l'attendeva. Per alcuni, sarebbe stata una giornata trascorsa a esplorare tutto ciò che Roma aveva da offrire: la sua ricca storia, l'arte e la **cultura**. Per altri, invece, sarebbe stata una giornata più rilassata, magari gustando un pasto tranquillo o ammirando i **panorami da** uno dei tanti punti **panoramici** della città. Ma qualunque fosse il loro programma, tutti erano d'accordo che oggi sarebbe stata una giornata speciale. Con l'avvicinarsi **del mezzogiorno**, il suono delle campane in tutta Roma segnalò che era giunto il momento di dirigersi **verso** Piazza San Pietro.

Qui, Papa Francesco si è rivolto ai presenti prima di guidarli in una **processione** attraverso alcuni dei luoghi più iconici di Roma: Il **Colosseo**, la Città del Vaticano e infine la Fontana di Trevi, dove avrebbe benedetto i presenti. Si preannunciava un'esperienza **indimenticabile** per tutti i partecipanti! Con il passare della giornata, Roma ha iniziato a riempirsi di persone provenienti da tutto il mondo, desiderose di **vedere**

Een dag in Rome

De dag **begon** vroeg voor Rome. De zon kwam op boven de stad en wierp een warme gloed over de oude gebouwen en straten. Er hing een **gevoel** van opwinding in de lucht toen de mensen zich begonnen te roeren en zich voorbereidden op de dag die voor hen lag. Voor sommigen zou het een dag worden om alles te ontdekken wat Rome te bieden had - zijn rijke geschiedenis, kunst en **cultuur**. Voor anderen zou het een meer ontspannen aangelegenheid worden, misschien genieten van een ontspannen maaltijd of het bekijken van de **bezienswaardigheden** vanaf een van de vele uitkijkpunten in de stad. Maar wat hun plannen ook waren, iedereen was het erover eens dat vandaag speciaal zou worden. Toen **het middaguur** naderde, gaf het geluid van klokken die door heel Rome luidden aan dat het tijd was om **naar** het Sint-Pietersplein te gaan.

Hier zou paus Franciscus de aanwezigen toespreken voordat hij hen voorging in een **processie** langs enkele van de meest iconische monumenten van Rome: Het **Colosseum**, Vaticaanstad, en uiteindelijk eindigend bij de Trevifontein, waar hij de aanwezigen zou zegenen. Het beloofde een **onvergetelijke** ervaring te worden voor alle betrokkenen! Naarmate de dag vorderde,

Papa Francesco. L'atmosfera era elettrica, mentre tutti aspettavano il suo arrivo. Quando finalmente è apparso, la folla lo ha acclamato con grande entusiasmo mentre si dirigeva verso Piazza San Pietro. **Di tanto in tanto si è** fermato a parlare con i **presenti**, prendendo tempo per ascoltare le loro storie e offrire parole di saggezza e incoraggiamento. Il suo calore e la sua gentilezza erano evidenti a tutti ed era chiaro che si stava divertendo immensamente. Dopo aver trascorso un po' di tempo in piazza, Papa Francesco ha guidato la **processione** per le strade di Roma, fermandosi periodicamente per benedire coloro che si trovavano lungo il percorso.

L'intera città sembrava viva di eccitazione: è stata davvero un'**esperienza** unica nella vita! Al calar della sera, Papa Francesco ha fatto ritorno a Città **del Vaticano**, dove avrebbe trascorso la notte. Ma prima di farlo, si è fermato alla Fontana di Trevi, dove ha benedetto i presenti prima di guidarli in una preghiera. È stato un momento **emozionante** per molti, che hanno riflettuto sull'incredibile giornata trascorsa.

begon Rome zich te vullen met mensen van over de hele wereld, die stonden te popelen om een **glimp op te vangen** van Paus Franciscus. Er heerste een elektrische sfeer terwijl iedereen wachtte in afwachting van zijn komst. Toen hij eindelijk verscheen, was er een enorm gejuich van de menigte toen hij zich een weg baande naar het Sint-Pietersplein. Hij stopte **af en toe** om met de **aanwezigen te praten**, de tijd te nemen om naar hun verhalen te luisteren en woorden van wijsheid en bemoediging te geven. Zijn warmte en vriendelijkheid waren voor iedereen zichtbaar en het was duidelijk dat hij het enorm naar zijn zin had. Na enige tijd op het plein te hebben doorgebracht, leidde paus Franciscus de **processie** door de straten van Rome, waarbij hij af en toe stopte om de mensen langs de route te zegenen.

De hele stad leek te bruisen van opwinding - het was echt een **ervaring** die je maar één keer in je leven meemaakt! Toen de avond begon te vallen, ging paus Franciscus op weg terug naar Vaticaanstad, waar hij de nacht zou doorbrengen. Maar voordat hij dat deed, stopte hij bij de Trevifontein, waar hij de mensen zegende die zich daar verzameld hadden voordat hij hen voorging in een gebed. Het was een **emotioneel** moment voor velen, toen ze nadachten over wat een ongelooflijke dag het was geweest.

Domande di comprensione

1. Quali erano le cose che le persone facevano per prepararsi alla giornata?

2. Cosa significava il suono delle campane?

3. Dove il Papa avrebbe guidato la processione?

4. Come ha fatto Papa Francesco ad attraversare la città?

5. Che atmosfera si respirava a Roma?

6. Qual era il comportamento del Papa?

7. Che cosa ha fatto il Papa alla fine della giornata?

8. Che cosa si provava in città quando la giornata volgeva al termine?

9. Quale sarebbe il ricordo duraturo per coloro che hanno vissuto questa giornata?

Begrip vragen

1. Wat waren sommige dingen die de mensen deden om zich voor te bereiden op de dag?

2. Wat betekende het geluid van de klokken?

3. Waar zou de Paus de processie leiden?

4. Hoe heeft paus Franciscus zijn weg door de stad gevonden?

5. Hoe was de sfeer in Rome?

6. Wat was de houding van de Paus?

7. Wat deed de Paus aan het eind van de dag?

8. Wat was het gevoel in de stad toen de dag ten einde liep?

9. Wat zou de blijvende herinnering zijn voor hen die de dag hebben meegemaakt?

Una passeggiata a Venezia

La prima volta che ho visto Venezia è stato in una calda giornata estiva. Il sole splendeva e il cielo era azzurro. Camminavo per le strade strette, **ammirando** la bella **architettura** e chiedendomi come sarebbe stato vivere in un posto del genere. Arrivai a una piccola piazza al cui centro c'era una fontana. Intorno alla fontana c'erano diversi caffè e ristoranti con posti a sedere all'aperto. Mi sedetti a uno dei tavoli e ordinai un caffè. Mentre sorseggiavo il caffè, osservavo la gente che passava e mi meravigliavo di quanto questa città fosse diversa da qualsiasi altro posto in cui fossi mai stata. Dopo aver finito il caffè, ho **continuato a** esplorare Venezia. Ho camminato attraverso **vicoli** tortuosi e ponti sui canali. Ogni svolta sembrava rivelare **qualcosa di** nuovo e interessante. Alla fine cominciò a calare la notte e mi ritrovai di nuovo nella piazza dove avevo iniziato la mia passeggiata ore prima. Guardando tutte le luci che scintillavano nell'**oscurità**, mi sono reso conto che non c'è nessun altro posto come Venezia. È davvero unica tra le città.

Sono tornata a **Venezia** molte volte nel corso degli anni e mi è sempre sembrata un luogo fuori dal tempo.

Een wandeling door Venetië

De eerste keer dat ik Venetië zag was op een warme zomerdag. De zon scheen en de lucht was blauw. Ik liep door de smalle straatjes, **bewonderde** de prachtige **architectuur** en vroeg me af hoe het zou zijn om in zo'n plaats te wonen. Ik kwam op een klein plein met een fontein in het midden. Rond de fontein waren verschillende cafés en restaurants met zitplaatsen in de open lucht. Ik ging aan een van de tafeltjes zitten en bestelde een koffie. Terwijl ik van mijn koffie nipte, keek ik naar de mensen die voorbij liepen en verwonderde me erover hoe anders deze stad was dan alle andere plaatsen waar ik ooit was geweest. Nadat mijn koffie op was, **ging** ik verder met het verkennen van Venetië. Ik liep door kronkelige **steegjes** en over bruggen over kanalen. Elke bocht leek **iets** nieuws en interessants te onthullen. Uiteindelijk begon de avond te vallen en bevond ik mij weer op het plein waar ik uren eerder mijn wandeling was begonnen. Terwijl ik rondkeek naar alle lichtjes die fonkelden in de **duisternis**, besefte ik dat Venetië nergens anders zo mooi is als hier. Het is echt uniek onder de steden.

Ik ben in de loop der jaren vaak in **Venetië geweest**, en het leek mij altijd een plaats buiten de tijd. Als ik door

Camminando per le sue strade, mi sembrava di essere stato **trasportato in un'**altra epoca. Una sera, mentre passeggiavo lungo uno dei canali, ho sentito qualcuno che suonava della musica. Sembrava un **pianoforte** proveniente da una delle case vicine. Seguii il suono fino ad arrivare a una piccola porta incastonata in un muro. La porta era leggermente aperta e attraverso di essa potei vedere un uomo seduto a un pianoforte in una stanza vuota. Mentre suonava, l'uomo sembrava perso nel suo mondo. Non si accorse che stavo lì a guardarlo. Dopo un po' si alzò e uscì dalla stanza senza voltarsi. Quel momento mi è rimasto impresso negli anni. Era come se Venezia stessa avesse raggiunto e toccato la mia anima con la sua **magia**. Ora, ogni volta che penso a Venezia, ricordo quell'uomo che suonava il pianoforte in una stanza vuota. E non posso fare a meno di **chiedermi** quale sia la sua storia. Chi è e perché suona la musica in quella casa solitaria? Mi piace immaginare che sia un musicista che un tempo ha avuto una grande **carriera**, ma che ora è stato dimenticato dal mondo.

de straten liep, had ik het gevoel dat ik in een andere tijd terecht was gekomen. Op een avond, toen ik langs een van de kanalen slenterde, hoorde ik iemand muziek maken. Het klonk als een **piano** uit een van de huizen in de buurt. Ik volgde het geluid tot ik bij een deurtje kwam dat in een muur zat. De deur stond een beetje open, en ik zag een man achter een piano zitten in een lege kamer. Terwijl hij speelde, leek de man in zijn eigen wereld te zijn verzonken. Hij merkte niet dat ik **naar** hem stond **te kijken**. Na een tijdje stond hij op en liep de kamer uit zonder om te kijken. Dat moment is me door de jaren heen bijgebleven. Het was alsof Venetië zelf mijn ziel had aangeraakt met zijn **magie**. Telkens als ik nu aan Venetië denk, denk ik aan die man die piano speelde in een lege kamer. En ik kan het niet helpen **me af te vragen** wat zijn verhaal is. Wie is hij en waarom speelt hij muziek in dat eenzame huis? Ik stel me graag voor dat hij een muzikant is die ooit een grote **carrière** heeft gehad, maar die nu door de wereld is vergeten.

Domande di comprensione

1. Qual è la prima impressione del protagonista su Venezia?

2. Cosa pensa il protagonista della gente di Venezia?

3. Cosa fa il protagonista quando sente la musica del pianoforte?

4. Dove si trova la casa dell'uomo?

5. Cosa pensa il protagonista che possa essere successo all'uomo?

6. Qual è l'opinione del protagonista sulla musica?

7. Cosa fa il protagonista quando non riesce a trovare l'uomo?

8. Cosa pensa il protagonista dell'architettura di Venezia?

9. Cosa ordina il protagonista al caffè?

10. Cosa fa il protagonista dopo aver finito il caffè?

Begrip vragen

1. Wat is de eerste indruk van de hoofdpersoon van Venetië?

2. Wat vindt de hoofdpersoon van de mensen in Venetië?

3. Wat doet de hoofdpersoon als hij de pianomuziek hoort?

4. Waar staat het huis van de man?

5. Wat denkt de hoofdpersoon dat er met de man gebeurd kan zijn?

6. Wat is de mening van de hoofdpersoon over de muziek?

7. Wat doet de hoofdpersoon als hij de man niet kan vinden?

8. Wat vindt de hoofdpersoon van de architectuur van Venetië?

9. Wat bestelt de hoofdpersoon in het café?

10. Wat doet de hoofdpersoon nadat hij zijn koffie op heeft?

Esplorare Firenze

Avevo sempre desiderato esplorare Firenze e finalmente ne ho colto l'**occasione** quando ho **studiato all'**estero in Italia. La città è ricca di arte e di storia e non vedevo l'ora di vedere tutto ciò che aveva da offrire. La mia prima tappa è stata il **Duomo**, una cattedrale assolutamente straordinaria. Poi ho passeggiato per il centro della città, ammirando tutte le bellezze architettoniche. Mi sono anche assicurata di visitare alcuni **musei**, tra cui la Galleria degli Uffizi, dove si possono ammirare alcuni dei famosi dipinti di Michelangelo. Nel complesso, **Firenze** è stata un'esperienza incredibile e sono molto contenta di averla esplorata! Il giorno dopo mi sono alzata presto, desiderosa di esplorare meglio **Firenze**. Ho iniziato passeggiando di nuovo per il centro della città, ammirando tutti i bellissimi edifici e le sculture. Poi mi sono recata al **Giardino** di Boboli, che è assolutamente stupendo. Poi ho **visitato** Palazzo Pitti, un enorme palazzo che ospitava alcune delle famiglie più potenti di Firenze.

Infine, ho concluso la giornata con una passeggiata attraverso uno dei famosi ponti di Firenze, il Ponte

Ontdekkingstocht door Florence

Ik heb Florence altijd al eens willen ontdekken, en uiteindelijk heb ik de **kans** gegrepen toen ik in het buitenland in Italië **studeerde**. De stad is vol kunst en geschiedenis, en ik was opgewonden om alles te zien wat het te bieden had. Mijn eerste stop was de **Duomo**, een absoluut verbluffende kathedraal. Daarna liep ik door het centrum van de stad en bewonderde de prachtige architectuur. Ik heb ook een aantal **musea** bezocht, waaronder de Uffizi Gallery, waar je een aantal van Michelangelo's beroemde schilderijen kunt zien. Over het geheel genomen was **Florence** een ongelooflijke ervaring, en ik ben zo blij dat ik het heb kunnen verkennen! De volgende dag stond ik vroeg op om meer van **Florence te ontdekken**. Ik begon weer met een wandeling door het centrum van de stad, waar ik alle prachtige gebouwen en beeldhouwwerken bewonderde. Daarna ging ik naar de **Boboli-tuinen**, die absoluut prachtig zijn. Daarna **bezocht** ik het Palazzo Pitti, een enorm paleis dat vroeger de thuisbasis was van enkele van de machtigste families in Florence.

Tenslotte sloot ik mijn dag af met een wandeling over een van de beroemde bruggen van Florence - de Ponte Vecchio. Het was een **ongelooflijke** ervaring,

Vecchio. È stata un'esperienza **incredibile** e non vedo l'ora di tornarci! Il giorno successivo ho deciso di esplorare alcuni dei quartieri più piccoli di **Firenze**. Ho iniziato in Oltrarno, noto per i suoi artigiani e negozi. Mi sono poi recata a San Niccolò, dove si può godere di una splendida vista della città dalla cima di una delle sue colline. Infine, ho concluso la giornata a **Santo** Spirito, un bellissimo **quartiere** con molti caffè e ristoranti. È stata un'esperienza incredibile vedere tutti i lati di Firenze e sono così grata di aver avuto l'opportunità di farlo!

Il mio soggiorno a **Firenze** stava per finire, ma avevo ancora alcuni luoghi da esplorare. Ho iniziato il mio ultimo giorno con una visita a Palazzo **Vecchio**, uno degli edifici più famosi della città. Poi ho passeggiato per il Mercato Nuovo, dove si possono trovare tutti i tipi di oggetti interessanti in vendita. Infine, ho concluso la giornata con una passeggiata in Piazza della **Signoria**, che ospita alcune delle **sculture** più iconiche di Firenze. È stata un'esperienza incredibile e sono molto contenta di essere riuscita a vedere tutto ciò che Firenze ha da offrire! Mi sono divertita **moltissimo** a esplorare Firenze e sono molto grata di aver avuto l'opportunità di farlo. La città è ricca di arte, storia e cultura e mi è piaciuto molto poterla visitare. Se avete la possibilità di visitare Firenze, ve lo **consiglio**.

en ik kan niet wachten om terug te gaan! De volgende dag besloot ik om een aantal van de kleinere buurten in **Florence te verkennen**. Ik begon in Oltrarno, dat bekend staat om zijn ambachtslieden en winkels. Daarna ging ik naar San Niccolo, waar je een prachtig uitzicht over de stad hebt vanaf de top van een van de heuvels. Tenslotte eindigde ik mijn dag in **Santo** Spirito, een prachtige **buurt** met veel cafés en restaurants. Het was een geweldige ervaring om alle kanten van Florence te zien, en ik ben zo dankbaar dat ik de kans heb gekregen om dit te doen!

Mijn tijd in **Florence liep** ten einde, maar ik had nog een paar plaatsen die ik wilde verkennen. Ik begon mijn laatste dag met een bezoek aan het Palazzo **Vecchio**, dat een van de beroemdste gebouwen van de stad is. Daarna liep ik door de Mercato Nuovo, waar je allerlei interessante dingen te koop kunt vinden. Ten slotte sloot ik mijn dag af met een wandeling over het Piazza della **Signoria**, waar enkele van de meest iconische **beeldhouwwerken** van Florence staan. Het was een ongelooflijke ervaring, en ik ben zo blij dat ik alles heb gezien wat Florence te bieden heeft! Ik heb een **geweldige** tijd gehad in Florence, en ik ben zo dankbaar dat ik de kans heb gekregen om dit te doen. De stad zit vol met kunst, geschiedenis en cultuur, en ik vond het geweldig om dit allemaal te mogen ervaren. Als je ooit de kans hebt om Florence te bezoeken, zou ik het **zeker aanraden**.

Domande di comprensione

1. Qual è stata la prima tappa del tour dell'autore a Firenze?

2. Quali sono i dipinti più famosi della Galleria degli Uffizi?

3. Che cos'è Palazzo Pitti?

4. Che cos'è il Ponte Vecchio?

5. Per cosa è conosciuto l'Oltrarno?

6. Qual è il modo migliore per vedere Firenze?

7. Che cos'è Palazzo Vecchio?

8. Che cos'è il Mercato Nuovo?

9. Che cos'è Piazza della Signoria?

10. Perché l'autore consiglia di visitare Firenze?

Begrip vragen

1. Wat was de eerste halte op de rondreis van de schrijver door Florence?

2. Wat zijn de beroemdste schilderijen van de Uffizi Galerij?

3. Wat is het Palazzo Pitti?

4. Wat is de Ponte Vecchio?

5. Waar is Oltrarno bekend om?

6. Wat is de beste manier om Florence te zien?

7. Wat is het Palazzo Vecchio?

8. Wat is de Mercato Nuovo?

9. Wat is de Piazza della Signoria?

10. Waarom zou de auteur een bezoek aan Florence aanbevelen?

Scoprire la Sardegna

La prima volta che ho sentito parlare della Sardegna è stato quando una mia amica mi ha raccontato del suo viaggio lì. Mi ha **mostrato le** foto delle bellissime **spiagge** e dell'acqua cristallina. Sembrava un paradiso. Sapevo che un giorno sarei dovuta andare lì. Qualche anno dopo, ho finalmente fatto il grande passo e ho prenotato un biglietto per la Sardegna. Non sono rimasta **delusa**. L'isola era ancora più bella di quanto immaginassi. Le spiagge erano stupende e la gente era così **cordiale**. Mi sembrava di aver scoperto una gemma nascosta. Ho trascorso le mie giornate esplorando l'isola, nuotando nell'acqua cristallina e rilassandomi sulla spiaggia con un buon libro. Era davvero un luogo magico che non dimenticherò mai. Un giorno, mentre **esploravo** una piccola città, mi sono imbattuta in un negozio che vendeva gioielli **fatti a mano**. I pezzi erano così belli e unici. Mi sono innamorata di un paio di orecchini di corallo sardo. Sapevo di doverli avere.

Ho trascorso ore nel negozio, provando **diversi** pezzi e chiacchierando con la proprietaria. Mi ha raccontato della storia della Sardegna e di come l'isola sia stata tramandata per **generazioni dalla** sua famiglia. È stato affascinante conoscere questo luogo che ho

Sardinië ontdekken

De eerste keer dat ik van Sardinië hoorde was toen mijn vriendin me vertelde over haar reis daarheen. Ze **liet** me foto's zien van de prachtige **stranden** en het helderblauwe water. Het leek wel een paradijs. Ik wist dat ik er ooit heen moest gaan. Een paar jaar later trok ik eindelijk de stoute schoenen aan en boekte een ticket naar Sardinië. Ik werd niet **teleurgesteld**. Het eiland was nog mooier dan ik me had voorgesteld. De stranden waren prachtig en de mensen waren zo **vriendelijk**. Ik had het gevoel dat ik een verborgen juweeltje had ontdekt. Ik bracht mijn dagen door met het verkennen van het eiland, zwemmen in het kristalheldere water, en ontspannen op het strand met een goed boek. Het was echt een magische plek en een die ik nooit zal vergeten. Op een dag, toen ik een klein stadje **aan het verkennen was**, kwam ik een winkel tegen die **handgemaakte** sieraden verkocht. De stukken waren zo mooi en uniek. Ik werd verliefd op een paar oorbellen gemaakt van Sardijns koraal. Ik wist dat ik ze moest hebben.

Uiteindelijk heb ik uren in de winkel doorgebracht, **verschillende** stukken gepast en een praatje gemaakt met de eigenaresse. Ze vertelde me over de geschiedenis van Sardinië en hoe het eiland door

imparato ad amare così tanto. Quando il mio viaggio si è concluso, mi sono sentita triste per la partenza, ma anche grata per aver vissuto un luogo così speciale. La Sardegna occuperà sempre un posto speciale nel mio cuore. Qualche settimana dopo il mio ritorno a casa dalla **Sardegna**, ho iniziato a sentirmi male. Avevo la febbre e mi sentivo sempre molto stanca. Il mio medico mi diagnosticò la malaria e mi disse che dovevo averla contratta durante il viaggio. Fortunatamente, grazie alle cure, mi sono **ripresa** completamente, ma è stata un'esperienza spaventosa. Mi ha fatto capire quanto sono fortunata a essere viva e in salute. E mi ha fatto **apprezzare** ancora di più la Sardegna.

Nonostante il pericolo di contrarre la malaria, ci tornerei subito perché la Sardegna è davvero un posto **incredibile**. Ogni volta che guardo i miei orecchini di corallo sardo, mi viene in mente il mio magico viaggio sull'isola. Mi **ricordano la** bellezza della Sardegna e le persone fantastiche che ho incontrato lì. Ogni volta che li indosso, mi sembra di essere **trasportata in** quel luogo speciale. La Sardegna avrà sempre un posto speciale nel mio cuore. È un luogo di cui mi sono innamorata a prima vista e che racchiude tanti ricordi per me.

de **generaties** van haar familie werd doorgegeven. Het was fascinerend om meer te leren over deze plek waar ik zo van was gaan houden. Toen mijn reis ten einde liep, voelde ik me verdrietig dat ik wegging, maar ook dankbaar dat ik zo'n bijzondere plek had mogen ervaren. Sardinië zal altijd een speciaal plekje in mijn hart houden. Een paar weken nadat ik thuiskwam van **Sardinië**, begon ik me ziek te voelen. Ik had koorts en voelde me de hele tijd erg moe. Mijn dokter constateerde dat ik malaria had en zei dat ik die tijdens mijn reis had opgelopen. Gelukkig ben ik na behandeling volledig **hersteld**, maar het was een enge ervaring. Het deed me beseffen hoeveel geluk ik heb dat ik leef en gezond ben. Het heeft me Sardinië nog meer doen waarderen.

 Ondanks het gevaar om malaria op te lopen, zou ik zo weer teruggaan, want Sardinië is echt een **geweldige** plek. Elke keer als ik naar mijn Sardijnse koraal oorbellen kijk, word ik herinnerd aan mijn magische reis naar het eiland. Ze zijn een **herinnering** aan de schoonheid van Sardinië en de geweldige mensen die ik daar heb ontmoet. Telkens als ik ze draag, voel ik me alsof ik **teruggevoerd** word naar die speciale plek. Sardinië zal altijd een speciale plaats in mijn hart hebben. Het is een plek waar ik op het eerste gezicht verliefd op werd en het heeft zoveel herinneringen voor mij.

Domande di comprensione

1. Che cosa le ha mostrato l'amica della protagonista?

2. Cosa pensa il protagonista della Sardegna?

3. Cosa prova il protagonista nei confronti della Sardegna?

4. Cosa fa il protagonista sull'isola?

5. Cosa pensa il protagonista dei gioielli del negozio?

6. Cosa compra il protagonista nel negozio?

7. Cosa pensa il protagonista del proprietario del negozio?

8. Cosa impara il protagonista dal proprietario del negozio?

9. Cosa prova il protagonista nel lasciare la Sardegna?

10. Cosa succede alla protagonista dopo il suo ritorno dalla Sardegna?

Begrip vragen

1. Waarvan liet de vriendin van de hoofdpersoon haar foto's zien?

2. Wat vond de hoofdpersoon van Sardinië?

3. Wat vindt de hoofdpersoon van Sardinië?

4. Wat doet de hoofdpersoon op het eiland?

5. Wat vindt de hoofdpersoon van de juwelen in de winkel?

6. Wat koopt de hoofdpersoon in de winkel?

7. Wat vindt de hoofdpersoon van de winkeleigenaar?

8. Wat leert de hoofdpersoon van de winkeleigenaar?

9. Hoe voelt de hoofdpersoon zich bij het verlaten van Sardinië?

10. Wat gebeurt er met de hoofdpersoon nadat ze is teruggekeerd van Sardinië?

La Costiera Amalfitana

La Costiera Amalfitana è uno dei luoghi più **belli** del mondo. Le scogliere, il mare e i villaggi creano uno scenario straordinario. Non c'è da stupirsi che molte persone vengano qui in vacanza. Una di queste è Anna, venuta dall'**America** per trascorrere un po' di tempo sulla costa. Sognava di venire qui da anni e finalmente è riuscita a realizzarlo. Arriva a Napoli e prende un autobus per Amalfi, dove rimarrà per due settimane. Appena scesa dall'autobus, Anna è **ipnotizzata dalla** bellezza dell'ambiente circostante. Si **aggira** per la città, cogliendo tutti i panorami e i suoni di questo luogo magico. Dopo qualche ora di esplorazione, si ritrova in un caffè **con vista sull'**oceano. Ordina un caffè e si siede per godersi il panorama.

Mentre Anna siede al caffè, osserva la gente e osserva tutte le diverse culture rappresentate. Vede **coppie** che si tengono per mano, famiglie che giocano sulla spiaggia e amici che ridono davanti a un drink. Tutti sembrano divertirsi e Anna non può fare a meno di sentirsi felice anche solo per il fatto di essere qui. Dopo un po' **decide di** tornare in **albergo** per riposare un po' prima di cena. Mentre cammina per la città, nota che ci

De Amalfikust

De kust van Amalfi is een van de **mooiste** plekken ter wereld. De kliffen, de zee en de dorpen vormen een adembenemend decor. Het is geen wonder dat zoveel mensen hier op vakantie komen. Een van die bezoekers is Anna, die uit **Amerika is gekomen** om wat tijd aan de kust door te brengen. Ze droomt er al jaren van om hierheen te gaan, en eindelijk is het dan zover. Ze komt aan in Napels en neemt de bus naar Amalfi, waar ze twee weken zal blijven. Zodra ze uit de bus stapt, is Anna **betoverd** door de schoonheid van haar omgeving. Ze **dwaalt** door de stad en neemt alle bezienswaardigheden en geluiden van deze magische plek in zich op. Na een paar uur op ontdekkingstocht te zijn geweest, belandt ze in een café **met uitzicht** op de oceaan. Ze bestelt een koffie en gaat achterover zitten om van het uitzicht te genieten.

Terwijl Anna in het café zit, kijkt ze naar de mensen en neemt alle verschillende culturen in zich op. Ze ziet **stelletjes** die elkaars hand vasthouden, gezinnen die op het strand spelen, en vrienden die lachen bij een drankje. Iedereen lijkt het zo naar zijn zin te hebben, en Anna kan het niet helpen dat ze zich gelukkig voelt door

sono molti negozietti che vendono souvenir e ninnoli. Guarda le vetrine per un po' prima di tornare in camera.

Più tardi, quella sera, Anna esce a cena con alcuni nuovi amici conosciuti al bar della hall dell'hotel. Si divertono a parlare e a **ridere** durante il pasto. Poi fanno una passeggiata sul lungomare e ammirano gli **edifici** illuminati e l'acqua scintillante. È stata una giornata incredibile e Anna si è già innamorata di questo posto. Nei giorni successivi, Anna trascorre il suo tempo esplorando altri luoghi di Amalfi e le città vicine, come Positano e Ravello. Fa escursioni sui fianchi delle montagne ricoperte di **fiori**, nuota in acque cristalline, mangia cibi **deliziosi** e semplicemente si gode ogni momento della sua vacanza. La Costiera Amalfitana ha superato tutte le sue **aspettative** e sa che ricorderà per sempre questo viaggio con affetto. Troppo presto, però, la vacanza di Anna giunge al termine.

hier te zijn. Na een tijdje **besluit** ze terug te gaan naar haar **hotel** om wat te rusten voor het avondeten. Terwijl ze door de stad loopt, valt het haar op dat er zoveel kleine winkeltjes zijn die souvenirs en snuisterijen verkopen. Ze winkelt een tijdje voor ze uiteindelijk teruggaat naar haar kamer.

Later die avond gaat Anna uit eten met een paar nieuwe vrienden die ze in de lobbybar van het hotel heeft ontmoet. Ze hebben veel plezier met praten en **lachen** tijdens het eten. Daarna maken ze een wandeling langs de waterkant waar ze de verlichte **gebouwen** en het glinsterende water in zich opnemen. Het was een ongelooflijke dag, en Anna wordt nu al verliefd op deze plek. De volgende dagen brengt Anna haar tijd door met het verkennen van meer van Amalfi en nabijgelegen steden zoals Positano en Ravello. Ze wandelt over berghellingen bedekt met **bloemen**, zwemt in kristalhelder water, eet **heerlijk** voedsel en geniet gewoon van elk moment van haar vakantie. De kust van Amalfi heeft al haar **verwachtingen overtroffen** en ze weet dat ze zich deze reis altijd dierbaar zal blijven herinneren. Maar al te snel komt er een einde aan Anna's vakantie.

Domande di comprensione

1. Che cos'è la Costiera Amalfitana?

2. Come si sente Anna quando arriva ad Amalfi?

3. Cosa fa Anna quando arriva ad Amalfi?

4. Cosa pensa Anna delle diverse culture rappresentate sulla Costiera Amalfitana?

5. Cosa fa Anna prima di tornare nella sua stanza d'albergo?

6. Cosa fa Anna la sua ultima notte ad Amalfi?

7. Quali sono alcune delle cose che Anna fa durante le sue vacanze?

8. Come si sente Anna quando la sua vacanza volge al termine?

9. Cosa fa Anna quando torna a casa?

Begrip vragen

1. Wat is de Amalfikust?

2. Hoe voelt Anna zich als ze in Amalfi aankomt?

3. Wat doet Anna als ze voor het eerst in Amalfi aankomt?

4. Wat vindt Anna van de verschillende culturen die aan de Amalfikust vertegenwoordigd zijn?

5. Wat doet Anna voordat ze teruggaat naar haar hotelkamer?

6. Wat doet Anna op haar laatste avond in Amalfi?

7. Wat zijn enkele van de dingen die Anna doet tijdens haar vakantie?

8. Hoe voelt Anna zich als haar vakantie ten einde loopt?

9. Wat doet Anna als ze weer thuis is?

Toscana

La prima volta che sono andata in Toscana sono rimasta subito incantata. Le dolci colline, i cipressi, i **vigneti**: sembrava uscito da una favola. Giurai a me stessa che un giorno sarei tornata per esplorare **meglio** questo luogo magico. Così, l'anno scorso, quando mio marito ci propose di fare un viaggio in Italia per il nostro anniversario, non avevo dubbi su dove saremmo andati. Abbiamo noleggiato un'auto e abbiamo guidato da Roma fino al cuore della Toscana, fermandoci in villaggi **pittoreschi** lungo la strada. Infine, arrivammo a destinazione: un incantevole casale immerso tra uliveti e vigneti. Trascorremmo giornate pigre esplorando la campagna a piedi o in bicicletta, facendo picnic in campi di **fiori selvatici** e assaggiando vini deliziosi in piccole sale di degustazione. La sera, cucinavamo insieme la cena con gli **ingredienti** freschi del mercato contadino vicino, poi ci sedevamo nel nostro patio sotto le stelle, godendoci la reciproca compagnia (e un'altra bottiglia di vino).

Era davvero una **vacanza** idilliaca. Ma poi, durante la nostra ultima notte, accadde qualcosa di strano. Mi sono svegliata nel cuore della notte e ho trovato mio **marito** scomparso. All'inizio pensai che fosse uscito solo per prendere una boccata d'aria, ma quando non

Toscane

De eerste keer dat ik ooit naar Toscane ging, was ik meteen betoverd. De glooiende heuvels, de cipressen, de **wijngaarden** - het was als iets uit een sprookje. Ik beloofde mezelf dat ik op een dag terug zou komen om deze magische plek **grondiger te verkennen**. Toen mijn man vorig jaar voorstelde om voor ons jubileum naar Italië te gaan, wist ik meteen waar we heen zouden gaan. We huurden een auto en reden van Rome naar beneden door het hart van Toscane, onderweg stopten we in **pittoreske** dorpjes. Uiteindelijk kwamen we aan op onze bestemming: een charmante boerderij, genesteld tussen olijfbomen en wijngaarden. We brachten luie dagen door met het verkennen van het platteland te voet of met de fiets, picknicken in velden vol **wilde bloemen** en het proeven van heerlijke wijnen in schilderachtige kleine proeflokalen. s Avonds kookten we samen met verse **ingrediënten** van de boerenmarkt in de buurt en daarna zaten we op ons terras onder de sterrenhemel te genieten van elkaars gezelschap (en van nog een fles wijn).

Het was echt een idyllische **vakantie**. Maar toen, op onze laatste nacht daar, gebeurde er iets vreemds. Ik werd midden in de nacht wakker en zag dat mijn **man** weg was. Eerst dacht ik dat hij even naar buiten was

tornò dopo circa un'ora, cominciai a preoccuparmi. Mi sono vestita e sono uscita fuori, chiamando il suo nome nell'oscurità. Non c'era risposta, a parte il suono dei **grilli** che frinivano nei campi vicini. All'improvviso, sentii un rumore **provenire** da uno dei vigneti e corsi verso di esso, con la paura che mi stringeva il cuore. Mio marito era lì, **in piedi** tra le vigne con lo sguardo vitreo. Si girò verso di me e parlò con una voce che non era la sua: "È ora". Ora di cosa? Prima che potessi fare domande, prese la mia mano e cominciò a condurmi in profondità nel vigneto. Non so per quanto tempo camminammo, ma mi sembrarono ore.

 Gli unici suoni erano lo scricchiolio dei nostri piedi sul sentiero di ghiaia e gli **occasionali** borbottii di mio marito. Cominciavo ad avere davvero paura e quando finalmente si fermò e si girò verso di me, potevo vedere la follia nei suoi occhi. "È ora", disse di nuovo, questa volta con più forza. "È ora di fare cosa?" Chiesi **implorante**, ma lui si limitò ad afferrarmi il braccio e iniziò a trascinarmi verso una piccola porta incastonata nel fianco di una collina. Subito dopo ci trovammo all'interno di una specie di tunnel illuminato da torce tremolanti. Mio **marito** mi lasciò e iniziò a camminare in uno dei tunnel senza voltarsi, lasciandomi lì da sola e terrorizzata.

gegaan om een luchtje te scheppen, maar toen hij na een uurtje of zo nog niet terug was, begon ik me zorgen te maken. Ik kleedde me aan en ging naar buiten, terwijl ik zijn naam riep in de duisternis. Er kwam geen antwoord, behalve het geluid van **krekels** die sjirpten in de velden vlakbij. Plotseling hoorde ik een geluid uit een van de wijngaarden komen en ik rende erheen, mijn hart bonzend van angst. En daar **stond** mijn man, tussen de wijnranken met een glazige blik op zijn gezicht. Hij draaide zich naar me toe en sprak met een stem die niet helemaal de zijne was: "Het is tijd." Tijd voor wat? Voordat ik vragen kon stellen, pakte hij mijn hand en begon me dieper de wijngaard in te leiden. Ik weet niet hoe lang we gelopen hebben, maar het voelde als uren.

De enige geluiden waren het kraken van onze voeten op het grindpad en **af en toe** wat gemompel van mijn man. Ik begon nu echt bang te worden, en toen hij eindelijk stopte en zich naar me omdraaide, kon ik de waanzin in zijn ogen zien. "Het is tijd," zei hij opnieuw, deze keer krachtiger. "Tijd voor wat?" vroeg ik **smekend**, maar hij pakte alleen mijn arm en begon me mee te sleuren naar een kleine deur die in de zijkant van een heuvel was gezet. Voor ik het wist, bevonden we ons in een soort tunnelsysteem, verlicht door flikkerende fakkels. Mijn **man** liet me los en begon zonder om te kijken een van de tunnels in te lopen, mij daar alleen en doodsbang achterlatend.

Domande di comprensione

1. Cosa fa l'autrice quando visita per la prima volta la Toscana?

2. Che cosa si ripromette l'autrice dopo la sua prima visita?

3. Che cosa fanno l'autrice e suo marito durante il loro viaggio di anniversario?

4. Cosa trova l'autrice quando si sveglia nel cuore della notte?

5. Che cosa sente l'autore provenire da una delle vigne?

6. Cosa fa il marito quando l'autrice lo raggiunge?

7. Cosa pensa l'autrice quando vede la stanza in cui il marito l'ha condotta?

8. Qual è la reazione dell'autrice quando sente la voce provenire dall'ombra?

9. Cosa dice la voce all'autore?

10. Qual è la reazione del marito dell'autrice alla voce?

Begrip vragen

1. Wat doet de schrijfster als ze voor het eerst Toscane bezoekt?

2. Wat belooft de schrijfster zichzelf na haar eerste bezoek?

3. Wat doen de schrijfster en haar man op hun jubileumreis?

4. Wat vindt de schrijfster als ze midden in de nacht wakker wordt?

5. Wat hoort de schrijver uit een van de wijngaarden komen?

6. Wat doet de echtgenoot als de schrijver hem inhaalt?

7. Wat denkt de schrijfster als ze de kamer ziet waar haar man haar binnenleidt?

8. Wat is de reactie van de auteur als ze de stem hoort die uit de schaduwen komt?

9. Wat zegt de stem tegen de auteur?

10. Wat is de reactie van de echtgenoot van de auteur op de stem?

Lago di Como

Il sole stava tramontando sul bellissimo lago di Como.
L'acqua era ferma e l'aria era calda. Era una serata
perfetta. Ero seduta sul molo, con i piedi **a penzoloni**
nell'acqua. Ero venuta in Italia per una vacanza, ma
non mi aspettavo di innamorarmi di quel posto così in
fretta. **Tutto** mi sembrava giusto. Mentre **guardavo**
il sole scendere sotto l'orizzonte, sentii qualcuno
avvicinarsi da dietro. Si sedettero accanto a me e ci
godemmo il panorama in silenzio. Quando gli ultimi
raggi di sole scomparvero, mi voltai verso la persona
accanto a me. Ora potevo vedere i loro volti ed era
ancora più **bello** del panorama. Ci sorridemmo e, senza
dire una parola, capimmo entrambi che quella sarebbe
stata una notte speciale. Camminammo lungo la riva,
con i piedi che affondavano nella sabbia soffice a ogni
passo.

La **luce della luna** scintillava sull'acqua e ci fermammo
ad ammirarne la bellezza. Poi ci sedemmo su una
panchina e parlammo per ore di tutto e di niente.
Sembrava che ci conoscessimo da sempre. Alla fine
tornammo nella mia camera d'albergo, dove passammo
il resto della notte a parlare, ridere e fare l'amore fino a
quando l'alba iniziò a insinuarsi dalla finestra. Mentre
la **guardavo** dormire serenamente accanto a me, capii

Comomeer

De zon ging onder boven het prachtige Comomeer. Het water was stil en de lucht was warm. Het was een perfecte avond. Ik zat op de steiger, mijn voeten **bungelden** in het water. Ik was naar Italië gekomen voor een vakantie, maar ik had niet verwacht dat ik zo snel verliefd zou worden op de plek. **Alles voelde** gewoon goed aan. Terwijl ik de zon onder de horizon zag zakken, hoorde ik iemand van achteren op me afkomen. Ze gingen naast me zitten, en we genoten samen in stilte van het uitzicht. Toen de laatste zonnestralen verdwenen, draaide ik me om naar de persoon naast me. Ik kon hun gezichten nu zien en het was nog **mooier** dan het uitzicht. We glimlachten naar elkaar, en zonder een woord te zeggen, wisten we allebei dat dit een speciale avond zou worden. We liepen langs de kustlijn, onze voeten zakten bij elke stap in het zachte zand.

Het **maanlicht** schitterde op het water, en we stopten om de schoonheid ervan te bewonderen. Toen gingen we op een bankje zitten en praatten uren over van alles en niets. Het voelde alsof we elkaar al eeuwig kenden. Uiteindelijk gingen we terug naar mijn hotelkamer, waar we de rest van de nacht hebben gepraat, gelachen en gevreeën, tot het ochtendgloren door het raam naar

che il lago di Como avrebbe sempre avuto un posto speciale nel mio cuore. "La mattina dopo mi svegliai con il letto vuoto. Lei non c'era più. Non conoscevo il suo nome, ma sapevo che non l'avrei mai dimenticata. Avevamo condiviso qualcosa di speciale ed ero sicuro che le nostre strade si sarebbero incrociate di nuovo un giorno. Fino ad allora, il lago di **Como** sarebbe sempre stato il mio luogo felice. "Sono passati alcuni anni da quella magica notte sul lago. Non l'ho mai dimenticata e spesso mi ritrovo a chiedermi cosa sarebbe potuto essere. Ma mi accontento di ricordare il tempo trascorso insieme come un bellissimo ricordo.

Dopo tutto, alcune cose sono destinate ad accadere. "Ero seduta sul molo, con i piedi a penzoloni nell'acqua. Ero venuta in Italia per una vacanza, ma non mi aspettavo di innamorarmi di quel posto così in fretta. **Tutto** mi sembrava giusto. Mentre guardavo il sole scendere sotto l'**orizzonte**, sentii qualcuno avvicinarsi da dietro. Si sedettero accanto a me e ci godemmo il panorama in silenzio. "Quando gli ultimi raggi di sole scomparvero, mi voltai verso la persona accanto a me. Ora potevo vedere i loro volti ed era ancora più bello del panorama. Ci **sorridemmo** e, senza dire una parola, capimmo entrambi che quella sarebbe stata una notte speciale. Camminammo lungo la riva, con i piedi che affondavano nella sabbia soffice a ogni passo.

binnen begon te kruipen. Terwijl ik haar vredig naast me **zag** slapen, wist ik dat het Comomeer altijd een speciaal plekje in mijn hart zou hebben. "De volgende ochtend, werd ik wakker met een leeg bed. Ze was er niet meer. Ik wist haar naam niet, maar ik wist dat ik haar nooit zou vergeten. We hadden iets speciaals gedeeld, en ik was er zeker van dat onze paden zich ooit weer zouden kruisen. Tot dan zou het **Comomeer** altijd mijn gelukkige plek zijn. "Het is al een paar jaar geleden sinds die magische nacht aan het meer. Ik ben haar nooit vergeten, en ik vraag me vaak af hoe het had kunnen zijn. Maar ik ben tevreden om onze tijd samen te herinneren als een mooie herinnering.

Tenslotte zijn sommige dingen gewoon voorbestemd. "Ik zat op de steiger, mijn voeten bungelden in het water. Ik was naar Italië gekomen voor een vakantie, maar ik had niet verwacht zo snel verliefd te worden op de plek. **Alles voelde** gewoon goed aan. Terwijl ik de zon onder de **horizon zag zakken**, hoorde ik iemand van achteren op me afkomen. Ze gingen naast me zitten, en we genoten samen in stilte van het uitzicht. "Toen de laatste zonnestralen verdwenen, draaide ik me om naar de persoon naast me. Ik kon hun gezichten nu zien en het was nog mooier dan het uitzicht. We **glimlachten** naar elkaar, en zonder een woord te zeggen, wisten we allebei dat dit een speciale avond zou worden. We liepen langs de kustlijn, onze voeten zakten bij elke stap in het zachte zand.

Domande di comprensione

1. Cosa stava facendo il protagonista quando ha visto per la prima volta la persona con cui ha finito per passare la notte?

2. Cosa pensava il protagonista del lago di Como prima di innamorarsene?

3. Che cosa hanno fatto il protagonista e la persona che hanno incontrato dopo aver ammirato il chiaro di luna sull'acqua?

4. Cosa prova il protagonista nei confronti della persona che ha incontrato alla fine della serata?

5. Cosa pensava il protagonista che sarebbe successo al risveglio del mattino dopo?

6. Cosa ha fatto il protagonista dopo la notte magica sul lago?

7. Cosa pensa il protagonista di ciò che avrebbe potuto essere?

8. Secondo il protagonista, qual è il motivo per cui non ha rivisto la persona che ha incontrato?

9. Cosa crede il protagonista di alcune cose?

Begrip vragen

1. Wat deed de hoofdpersoon toen hij voor het eerst de persoon zag met wie hij uiteindelijk de nacht doorbracht?

2. Wat vond de hoofdpersoon van het Comomeer voordat hij er verliefd op werd?

3. Wat hebben de hoofdpersoon en de persoon die ze ontmoet hebben gedaan nadat ze het maanlicht op het water bewonderd hadden?

4. Wat vond de hoofdpersoon van de persoon die hij aan het eind van de nacht ontmoette?

5. Wat dacht de hoofdpersoon dat er zou gebeuren als hij de volgende ochtend wakker zou worden?

6. Wat heeft de hoofdpersoon gedaan sinds de magische nacht aan het meer?

7. Wat denkt de hoofdpersoon over wat had kunnen zijn?

8. Wat denkt de hoofdpersoon dat de reden is dat hij de persoon die hij heeft ontmoet niet meer heeft gezien?

9. Wat gelooft de hoofdpersoon van sommige dingen?

Le Alpi italiane

Le Alpi italiane sono uno spettacolo bellissimo e **maestoso**. Da molti anni sono una destinazione popolare per turisti e scalatori. Ma c'è un gruppo di persone che conosce le Alpi meglio di chiunque altro: le capre di montagna. Per generazioni, queste **creature** dal passo sicuro hanno fatto la loro casa tra le alte vette e le rocce scoscese della catena. Conoscono ogni angolo, ogni sentiero e ogni traccia. E non hanno paura di usarli, anche quando c'è l'uomo. Un giorno **d'estate**, un ragazzo **di nome** Marco stava facendo un'escursione con la sua famiglia sulle Alpi. Si fermò per riposare un momento e fu allora che la vide: una capra di montagna in piedi su una sporgenza proprio sopra di lui! La capra guardò **Marco** con i suoi grandi occhi marroni, come se lo sfidasse ad avvicinarsi.

Il cuore di Marco batteva forte mentre si avvicinava lentamente alla capra. Aveva sempre desiderato accarezzarne una, ma **di solito erano** così lontane. Questa era la sua **occasione**! Ma quando si avvicinò, si rese conto che la capra non era sola. C'era un bambino con lei, aggrappato alla pelliccia della madre. Marco si fermò a guardarli per un attimo prima di continuare il suo cammino. Mentre camminava, non poteva fare a meno di pensare a quelle capre e a quanto fossero

De Italiaanse Alpen

De Italiaanse Alpen zijn een prachtig en **majestueus** schouwspel. Ze zijn al vele jaren een populaire bestemming voor toeristen en bergbeklimmers. Maar er is één groep mensen die de Alpen beter kent dan wie ook - de berggeiten. Generaties lang hebben deze trefzekere **dieren** hun thuis gevonden op de hoge toppen en steile kliffen van het gebergte. Ze kennen elk hoekje en gaatje, elk pad en spoor. En ze zijn niet bang om ze te gebruiken, zelfs als er mensen in de buurt zijn. Op een zomerdag was een jonge jongen, **Marco,** met zijn familie aan het wandelen in de Alpen. Hij stopte even om uit te rusten, en toen zag hij het - een berggeit die vlak boven hem op een richel stond! De geit keek **Marco aan** met zijn grote bruine ogen, alsof hij hem uitdaagde dichterbij te komen.

Marco's hart ging tekeer toen hij de geit langzaam naderde. Hij had er altijd al een willen aaien, maar **meestal** waren ze zo ver weg. Dit was zijn **kans**! Maar toen hij dichterbij kwam, besefte hij dat de geit niet alleen was. Er was een baby bij, die zich vastklampte aan de vacht van zijn moeder. Marco stopte en **keek even naar** hen voordat hij zijn weg vervolgde. Terwijl hij liep, dacht hij aan die geiten en hoe gelukkig ze waren dat ze op zo'n mooie plek woonden.

fortunate a vivere in un posto così bello.

Qualche giorno dopo, Marco stava facendo un'escursione da solo quando sentì qualcosa di strano: un forte belato provenire da più avanti. Seguì con cautela il suono fino ad arrivare a una **radura** dove si trovavano due capre di montagna una accanto all'altra. Ma c'era qualcosa di diverso in queste capre: il loro pelo era tutto aggrovigliato e opaco e sembrava che avessero **combattuto**. Poi Marco vide il motivo: un altro gruppo di capre stava cercando di spingerle giù dal bordo del precipizio! Senza pensarci oltre, Marco corse verso gli animali in lotta e urlò a **squarciagola**. Le capre che le attaccavano trasalirono all'inizio, ma poi rivolsero rapidamente la loro attenzione verso di lui. Vedendo che la loro preda era fuggita, si arresero e si allontanarono al trotto nella foresta, lasciando dietro di sé le due vittime **esauste**.

Marco si avvicinò lentamente alle due capre di montagna, non sapendo se avrebbero avuto paura di lui o meno. Ma, con sua grande **sorpresa**, entrambe gli vennero incontro e gli **accarezzarono la** mano con i loro nasi morbidi. Le accarezzò per un momento prima di ricondurle lungo il sentiero per la strada che aveva percorso. Ci volle un po' di tempo, ma alla fine riuscì a tornare dove stava la sua famiglia. I suoi genitori furono sorpresi di vederlo portare a spasso - e tanto meno **in braccio** - due capre di montagna!

Een paar dagen later was Marco alleen aan het wandelen toen hij iets vreemds hoorde - een luid geblaat dat van verderop kwam. Hij volgde het geluid voorzichtig tot hij bij een **open plek** kwam waar twee berggeiten naast elkaar stonden. Maar er was iets vreemds aan deze geiten - hun vacht was helemaal verward en mat, en ze zagen eruit alsof ze **gevochten hadden**. Toen zag Marco waarom: een andere groep berggeiten probeerde hen van de rand van de klif te duwen! Zonder verder na te denken, rende Marco naar de vechtende dieren toe en schreeuwde uit volle **borst**. De aanvallende geiten schrokken eerst, maar richtten toen snel hun aandacht op hem. Toen ze zagen dat hun prooi was ontsnapt, gaven ze het op en draafden weg het bos in, de twee **uitgeputte** slachtoffers achterlatend.

Marco liep langzaam op de twee berggeiten af, niet zeker of ze bang voor hem zouden zijn of niet. Maar tot zijn **verbazing** kwamen ze allebei naar hem toe en **betastten** zijn hand met hun zachte neuzen. Hij aaide ze even en leidde ze dan terug langs het pad, de weg die hij was ingeslagen. Het duurde even, maar uiteindelijk kwam hij terug bij de verblijfplaats van zijn familie. Zijn ouders waren verbaasd dat hij twee berggeiten bij zich had, laat staan **bij zich had**!

Domande di comprensione

1. Come si chiama il protagonista?

2. Dov'era Marco quando ha visto la capra di montagna?

3. Cosa stava facendo la capra di montagna quando Marco l'ha vista?

4. Marco ha mai avuto la possibilità di accarezzare la capra di montagna?

5. Quale rumore ha sentito Marco mentre faceva un'escursione da solo?

6. Cosa stava succedendo quando Marco trovò le due capre di montagna?

7. Perché le altre capre di montagna attaccarono le due capre di montagna?

8. In che modo Marco ha aiutato le due capre di montagna?

9. Cosa fecero i genitori di Marco quando lo videro con le due capre di montagna?

Begrip vragen

1. Wat is de naam van de hoofdpersoon?

2. Waar was Marco toen hij de berggeit zag?

3. Wat deed de berggeit toen Marco hem zag?

4. Heeft Marco ooit de kans gekregen om de berggeit te aaien?

5. Welk geluid hoorde Marco toen hij in zijn eentje aan het wandelen was?

6. Wat gebeurde er toen Marco de twee berggeiten vond?

7. Waarom vielen de andere berggeiten de twee berggeiten aan?

8. Hoe heeft Marco de twee berggeiten geholpen?

9. Wat deden Marco's ouders toen ze hem met de twee berggeiten zagen?

L'isola di Sicilia

L'isola di **Sicilia** è un luogo come nessun altro. Con le sue splendide spiagge, le sue acque cristalline e la sua gente cordiale, non c'è da stupirsi che così tante persone si riversino sulle sue coste ogni anno. Ma c'è una cosa che distingue quest'isola dalle altre: la sua storia. Per secoli, la Sicilia è stata un crocevia di culture e **civiltà**, ognuna delle quali ha lasciato il proprio segno sul territorio. Dai Greci ai Romani, dagli Arabi ai **Normanni**, tutti hanno lasciato la loro **impronta** su questo angolo di mondo unico. Ora tocca a voi scoprire tutto ciò che la Sicilia ha da offrire. Appena scesi dall'aereo, si sente il calore del sole siciliano sulla pelle. La prima cosa che **colpisce** è l'odore di limoni nell'aria.

 Seguite il vostro naso e vi trovate in un bellissimo agrumeto. Dopo aver ammirato il panorama per un po', **proseguite il** viaggio per esplorare altri luoghi di quest'isola straordinaria. Trascorrete i giorni successivi a girovagare per la Sicilia, ammirando tutte le sue bellezze e i suoi suoni. Dalle vivaci città alla tranquilla campagna, qui c'è molto da vedere e da fare. Ovunque si vada, si rimane colpiti dalla **cordialità** e dall'accoglienza di tutti. Vi faranno sentire come a casa vostra su quest'isola speciale. L'ultimo giorno, passeggiate lungo una delle **splendide** spiagge

Het eiland Sicilië

Het eiland **Sicilië** is een plek als geen ander. Met zijn prachtige stranden, kristalhelder water en vriendelijke bevolking is het geen wonder dat zoveel mensen elk jaar naar zijn kusten trekken. Maar er is één ding dat dit eiland onderscheidt van de rest: de geschiedenis. Eeuwenlang is Sicilië een kruispunt van culturen en **beschavingen geweest**, die elk hun stempel op het land hebben gedrukt. Van de Grieken en Romeinen tot de Arabieren en de **Noormannen**, allemaal hebben ze hun **stempel gedrukt** op deze unieke hoek van de wereld. En nu is het uw beurt om te ontdekken wat Sicilië allemaal te bieden heeft. Als u uit het vliegtuig stapt, voelt u de warmte van de Siciliaanse zon op uw huid. Het eerste wat je **opvalt** is de geur van citroenen in de lucht.

Je volgt je neus en komt terecht in een prachtige citrusboomgaard. Na een tijdje het uitzicht te hebben bewonderd, **vervolg**je je weg om meer van dit verbazingwekkende eiland te ontdekken. De volgende dagen dwaalt u rond op Sicilië en neemt u alle bezienswaardigheden en geluiden in u op. Van de bruisende steden tot het rustige platteland, er is hier zoveel te zien en te doen. En overal waar je komt, valt het je op hoe **vriendelijk** en gastvrij

siciliane mentre il sole tramonta sul Mar **Mediterraneo**.
Mentre osservate le onde che si infrangono sulla riva,
riflettete su tutto ciò che quest'isola vi ha dato. Lasciate
la Sicilia con il cuore pesante, sapendo che non
dimenticherete mai il tempo trascorso su quest'isola
magica. Dalla sua ricca storia alla sua bellezza
naturale, è davvero come **nessun** altro posto al mondo.
E non vedete l'ora di tornare per esplorare ancora di più
ciò che questo luogo incredibile ha da offrire.

L'isola di Sicilia fa parte della vostra vita da sempre. È
il luogo in cui siete cresciuti, il luogo da cui proviene
la vostra **famiglia**. Ed è anche il luogo che racchiude
tanti ricordi felici. Pensate a tutti i momenti trascorsi qui
con i vostri amici e i vostri **cari** e sapete che questo è
un luogo davvero speciale. **Oggi** la Sicilia non è solo
una meta di vacanza, ma anche una casa lontano
da casa. Ogni volta che avete bisogno di allontanarvi
dal trambusto della vita cittadina, sapete che questa
splendida isola vi aspetterà sempre a braccia aperte.
Dai suoi paesaggi **mozzafiato** al suo cibo delizioso,
non c'è nessun altro posto al mondo come la Sicilia.
E non importa quanto siate lontani, sentirete sempre il
suo calore nel vostro cuore.

iedereen is. Ze zorgen ervoor dat je je meteen thuis voelt op dit bijzondere eiland. Op uw laatste dag maakt u een wandeling langs een van de **prachtige** stranden van Sicilië terwijl de zon ondergaat boven de **Middellandse** Zee. Terwijl je kijkt naar de golven die tegen de kust slaan, denk je na over alles wat dit eiland heeft gegeven. U verlaat Sicilië met een bezwaard gemoed, wetende dat u de tijd die u op dit magische eiland doorbracht nooit zult vergeten. Van zijn rijke geschiedenis tot zijn natuurlijke schoonheid, het is werkelijk zoals **nergens** anders ter wereld. En je kunt niet wachten om terug te komen en nog meer te ontdekken van wat deze geweldige plek te bieden heeft.

Het eiland Sicilië is een deel van je leven zolang je je kunt herinneren. Het is de plaats waar u bent opgegroeid, de plaats waar uw **familie** vandaan komt. En het is ook de plek waar je zoveel mooie herinneringen aan hebt. Je denkt aan alle tijden die je hier hebt doorgebracht met je vrienden en geliefden, en je weet dat dit inderdaad een speciale plek is. **Tegenwoordig is** Sicilië niet alleen een vakantiebestemming voor u; het is ook een thuis weg van huis. Wanneer u even weg wilt uit de drukte van het stadsleven, weet u dat dit prachtige eiland altijd met open armen op u wacht. Van het **prachtige** landschap tot het heerlijke eten: **nergens ter wereld is** Sicilië zo mooi als hier. En hoe ver weg u ook bent, u zult altijd de warmte in uw hart voelen.

Domande di comprensione

1. Qual è una cosa che distingue l'isola di Sicilia dalle altre?

2. Quali sono i segni che le diverse culture hanno lasciato sull'isola nel corso della storia?

3. Qual è la prima cosa che notate quando scendete dall'aereo in Sicilia?

4. Come vi fa sentire la gente del posto quando esplorate l'isola?

5. Cosa pensate mentre guardate il tramonto del vostro ultimo giorno in Sicilia?

6. Che cosa fa sentire la Sicilia come casa propria?

7. Quali sono alcune delle cose che ami della Sicilia?

8. Che cosa significa per lei la Sicilia?

9. Quali sono i suoi progetti per esplorare la Sicilia in futuro?

10. Qual è il suo ricordo preferito della Sicilia?

Begrip vragen

1. Wat is één ding dat het eiland Sicilië onderscheidt van de rest?

2. Welke sporen hebben verschillende culturen in de loop van de geschiedenis op het eiland achtergelaten?

3. Wat is het eerste wat je opvalt als je in Sicilië uit het vliegtuig stapt?

4. Hoe voelt u zich bij de lokale bevolking als u het eiland verkent?

5. Wat zijn uw gedachten bij het zien van de zonsondergang op uw laatste dag in Sicilië?

6. Waardoor voelt Sicilië als thuis?

7. Wat zijn enkele van de dingen die je leuk vindt aan Sicilië?

8. Wat betekent Sicilië voor u?

9. Wat zijn uw plannen om Sicilië in de toekomst te verkennen?

10. Wat is uw favoriete herinnering aan Sicilië?

Notte nel Nord Italia

La notte era fresca e le stelle erano in piena attività.
Ero appena arrivata nel Nord Italia ed ero entusiasta di
esplorare. Cominciai a camminare per la piccola città
in cui alloggiavo, per cogliere i panorami e i suoni di
questo nuovo luogo. Le strade erano vuote, ma c'era
una sensazione di eccitazione nell'aria. Camminai
per un po', **ammirando** l'architettura e fermandomi
a scattare foto qua e là. Girato un angolo, vidi un
gruppo di persone riunite intorno a qualcosa in un
vicolo. Mi sono avvicinata per vedere cosa stessero
guardando. Si trattava di un uomo che suonava una
fisarmonica. Quando mi **avvicinai mi** guardò e mi
sorrise calorosamente prima di ricominciare a suonare.
La musica riempì il vicolo e tutti smisero di ascoltare.
Era bella; triste ma anche edificante, per certi versi.

Mentre ascoltavo la musica, sentii gli occhi iniziare
a lacrimare. All'improvviso, tutte le **preoccupazioni**
e lo stress che avevo a casa mi sono sembrate così
lontane, come se non avessero più importanza.
In quel momento mi sono sentita felice, libera e
spensierata. Quando la canzone finì, tutti applaudirono
con entusiasmo prima di tornare alle loro attività,
lasciandomi sola con i miei pensieri. Ero perso nei
miei pensieri quando qualcuno mi batté sulla spalla,

Nacht in Noord-Italië

De nacht was koel en de sterren waren in volle pracht te zien. Ik was net aangekomen in Noord-Italië en was opgewonden om het te **verkennen**. Ik begon rond te lopen in het kleine stadje waar ik verbleef en nam de bezienswaardigheden en geluiden van deze nieuwe plek in me op. De straten waren leeg, maar er hing een gevoel van opwinding in de lucht. Ik liep een tijdje, **bewonderde** de architectuur en stopte hier en daar om foto's te maken. Toen ik een hoek omging, zag ik in een steegje een groepje mensen die zich ergens omheen hadden verzameld. Ik liep naar ze toe om te zien waar ze naar keken. Het bleek een man te zijn die muziek speelde op een **accordeon**. Hij keek naar me op toen ik **dichterbij kwam** en glimlachte hartelijk voordat hij weer begon te spelen. De muziek vulde het steegje, en iedereen stopte met wat ze aan het doen waren om te luisteren. Het was prachtig; droevig maar ook opbeurend op sommige manieren.

Terwijl ik naar de muziek luisterde, voelde ik dat mijn ogen begonnen te tranen. Plotseling leken al mijn **zorgen** en spanningen van thuis zo ver weg, alsof ze er niet meer toe deden. Op dat moment voelde ik me gewoon gelukkig, vrij en zorgeloos. Toen het lied eindigde, applaudisseerde iedereen **enthousiast**

facendomi trasalire perché pensavo di essere rimasto solo per qualche minuto. Si è rivelato essere un uomo anziano che deve aver visto quanto lo **spettacolo** mi avesse commosso e mi ha raccontato alcune storie della sua vita, con le quali non vi annoierò ora, se non per dirvi che a volte **accadono** cose di cui non riusciamo a spiegare il motivo. Ho ringraziato l'uomo per la sua storia e gli ho dato la buonanotte.

Tornai al mio albergo con la mente **piena di** cose nuove che avevo vissuto quella notte. Non avevo mai provato nulla di simile e sapevo che non l'avrei mai dimenticato. Quella sera, mentre ero a letto e fissavo il soffitto, pensai a tutte le cose che mi erano successe da quando ero arrivata in Italia. Mi sembrava che la mia vita stesse **cambiando** sotto i miei occhi e non ero sicura di cosa fare. Sapevo solo che questo viaggio mi aveva aperto gli occhi in molti modi e che ero grata per ogni momento, bello o brutto che fosse. La **mattina** dopo mi svegliai presto e **decisi** di andare a esplorare ancora un po'. Dopo tutto, c'era ancora molto da vedere e da fare. Chissà quali altre avventure mi aspettano?

voordat ze weer verder gingen met hun bezigheden, mij alleen latend met mijn gedachten. Ik was in gedachten verzonken toen iemand me op de schouder tikte, wat me deed schrikken omdat ik dacht dat ik een paar minuten alleen was geweest. Het bleek een oude man te zijn die gezien moest hebben hoe ontroerd hij was door de **voorstelling** en hij vertelde me enkele verhalen over zijn eigen leven, waar ik je nu niet mee zal vervelen, behalve dan dat er soms dingen **gebeuren** waarvan we niet kunnen verklaren waarom. Ik bedankte de man voor zijn verhaal en wenste hem een goede nacht.

Ik liep terug naar mijn hotel, mijn gedachten **raasden** door alle nieuwe dingen die ik die nacht had meegemaakt. Het was anders dan alles wat ik ooit eerder had meegemaakt, en ik wist dat ik het nooit zou vergeten. Terwijl ik die avond in bed lag en naar het plafond staarde, dacht ik na over alle dingen die me waren overkomen sinds ik in Italië was aangekomen. Het voelde alsof mijn leven voor mijn ogen aan het **veranderen** was, en ik wist niet zeker wat ik ervan moest denken. Het enige wat ik wist was dat deze reis in meer dan één opzicht een openbaring was geweest en dat ik dankbaar was voor elk moment, goed of slecht. De volgende **ochtend** stond ik vroeg op en **besloot ik** om nog wat meer te gaan verkennen. Er was tenslotte nog zoveel te zien en te doen. Wie weet welke avonturen me nog meer te wachten staan?

Domande di comprensione

1. Cosa faceva il protagonista quando è arrivato nel Nord Italia?

2. Cosa ha provato il protagonista quando ha sentito per la prima volta il suonatore di fisarmonica?

3. Cosa disse il vecchio al protagonista?

4. Come si è sentito il protagonista dopo che il vecchio ha raccontato la sua storia?

5. Perché il viaggio del protagonista ha aperto gli occhi?

6. Cosa pensa il protagonista del Nord Italia?

7. Qual è il piano del protagonista per il giorno successivo?

8. Che tipo di emozioni prova il protagonista durante la storia?

9. Qual è la parte della storia che il protagonista preferisce?

10. Cosa pensa il protagonista del suonatore di fisarmonica?

Begrip vragen

1. Wat deed de hoofdpersoon toen ze voor het eerst in Noord-Italië aankwamen?

2. Hoe voelde de hoofdpersoon zich toen hij de accordeonist voor het eerst hoorde?

3. Wat zei de oude man tegen de hoofdpersoon?

4. Hoe voelde de hoofdpersoon zich nadat de oude man zijn verhaal had verteld?

5. Waarom was de reis van de protagonist zo ontroerend?

6. Wat vindt de hoofdpersoon van Noord-Italië?

7. Wat is het plan van de hoofdpersoon voor de volgende dag?

8. Wat voor emoties voelt de hoofdpersoon tijdens het verhaal?

9. Wat is het favoriete deel van het verhaal van de hoofdpersoon?

10. Wat vindt de hoofdpersoon van de accordeonist?

In spiaggia

Dopo l'alba, le onde sono più forti e la sabbia sopra la marea è bianca. Cammino verso la spiaggia, **ammirando** il mare e il sole. Le mie dita dei piedi sentono i solchi delle conchiglie. La sabbia è fredda sulle dita dei piedi. Sorrido e continuo a camminare. La marea è alta, quindi devo fare attenzione a non farmi trascinare. Cammino lungo la riva, ammirando il mare. L'alba è **bellissima** e le onde si infrangono. Mi sento così in pace. Arrivo a un punto in cui c'è una roccia affiorante. Mi siedo e guardo le onde. L'acqua è così blu e il cielo è così **arancione**. Mi sembra di essere in un sogno. Chiudo gli occhi e ascolto le onde. Rimasi seduto lì per molto tempo, finché non sentii qualcuno che chiamava il mio nome.

Apro gli occhi e vedo mia madre che viene verso di me. Ha un'espressione preoccupata. Le sorrido e la saluto, e lei **si rilassa**. "Mi chiedevo dove fossi andata", dice. "Sono contenta che ti stia godendo la spiaggia". Io rispondo: "Lo sto facendo". "È così bello qui". "Lo so", dice. "Venivo sempre qui quando avevo la tua età". "Davvero?" Chiedo. "Sì", risponde. "È un posto speciale". "Hai mai incontrato qualcuno di speciale qui?". Le chiedo. "Sì", risponde sorridendo. "Tuo padre". "Davvero?" Dico, **sorpreso**. "Sì", dice

Op het strand

Na zonsopgang zijn de golven luider en het zand boven de vloed is wit. Ik loop naar het strand en **bewonder** de zee en de zon. Mijn tenen voelen de groeven van schelpen. Het zand is koud aan mijn tenen. Ik glimlach en loop door. Het is vloed, dus ik moet oppassen dat ik er niet in word getrokken. Ik loop langs de waterkant en bewonder de zee. De zonsopgang is **prachtig**, en de golven beuken. Ik voel me zo vredig. Ik kom op een plek waar een rots uitsteekt. Ik ga zitten en kijk naar de golven. Het water is zo blauw en de lucht is zo **oranje**. Ik voel me alsof ik in een droom ben. Ik sluit mijn ogen en luister alleen maar naar de golven. Ik zat daar een hele tijd, tot ik iemand mijn naam hoorde roepen.

Ik open mijn ogen en zie mijn moeder naar me toe lopen. Ze heeft een bezorgde blik op haar gezicht. Ik glimlach en zwaai, en ze **ontspant zich**. "Ik vroeg me al af waar je was," zegt ze. "Ik ben blij dat je van het strand geniet." Ik antwoord: "Dat doe ik." "Het is hier zo mooi." "Ik weet het," zegt ze. "Ik kwam hier altijd toen ik zo oud was als jij." "Echt waar?" Vraag ik. "Ja," antwoordt ze. "Het is een speciale plek." "Heb je hier ooit een speciaal iemand ontmoet?" Vraag ik. "Ik wel," antwoordt ze met een glimlach. "Je vader." "Echt waar?" Zeg ik, **verbaasd**. "Ja," zegt ze. "We kwamen hier altijd

lei. "Venivamo sempre qui insieme. È qui che ci siamo innamorati. "Sorrido, **immaginando i** miei genitori che si innamorano su questa bellissima spiaggia. "È un posto speciale", ripete. "Sono felice che siate venuti qui oggi".

Rimaniamo seduti ancora per un po' a **guardare** le onde e il tramonto. Poi ci alziamo e torniamo ai nostri teli da mare. Mi sdraio e guardo le stelle. Mi sento così felice e soddisfatta. Le onde ora sono più forti e la sabbia è fredda. Il sole sta tramontando e soffia una brezza fresca. Le onde si infrangono sulla riva e nell'aria si sente l'odore del sale. È una serata perfetta per stare in spiaggia. Cammino lungo la riva, **ascoltando** il suono delle onde e guardando il tramonto. Vedo un gruppo di persone sedute sulla sabbia che ridono e scherzano. Sembra che si stiano divertendo molto. Mi avvicino a loro e chiedo se posso unirmi a loro. Mi rispondono di sì e passiamo il resto della serata a parlare, ridere e guardare il **tramonto**. È una serata perfetta. Io e il gruppo parliamo fino al tramonto. Condividiamo storie e battute e ci divertiamo molto. Quando la notte inizia a calare, cominciamo tutti a sentirci stanchi. Ci **salutiamo** con un bacio e ci separiamo. Torno al mio hotel, felice e soddisfatta. Non riesco a credere a quanto sia bello qui. Sono così fortunata ad averlo **vissuto**.

samen. Het is waar we verliefd werden. " Ik glimlach en **stel me voor hoe** mijn ouders verliefd werden op dit prachtige strand. "Het is een speciale plek," herhaalt ze. "Ik ben blij dat je hier vandaag bent."

We zitten daar nog een tijdje, **kijken naar** de golven en de zonsondergang. Dan staan we op en lopen terug naar onze strandhanddoeken. Ik ga liggen en kijk naar de sterren. Ik voel me zo gelukkig en tevreden. De golven zijn nu luider, en het zand is koud. De zon gaat onder en er waait een koel briesje. De golven beuken tegen de kust, en de geur van zout hangt in de lucht. Het is een perfecte avond om op het strand te zijn. Ik loop langs het strand, **luister** naar het geluid van de golven en kijk naar de zonsondergang. Ik zie een groep mensen op het zand zitten, lachend en grapjes makend. Ze zien eruit alsof ze het naar hun zin hebben. Ik loop naar ze toe en vraag of ik erbij mag komen zitten. Ze zeggen ja, en we brengen de rest van de avond door met praten, lachen en kijken naar de **zonsondergang**. Het is een perfecte avond. De groep en ik praten tot de zon ondergaat. We delen verhalen en grappen, en we hebben allemaal een geweldige tijd. Als de avond begint te vallen, beginnen we allemaal moe te worden. We kussen elkaar **vaarwel** en gaan uit elkaar. Ik loop terug naar mijn hotel en voel me gelukkig en tevreden. Ik kan niet geloven hoe mooi het hier is. Ik ben zo gelukkig dat ik het heb mogen **meemaken**.

Domande di comprensione

1. Dove va la narratrice dopo essersi svegliata?

2. Che cosa ammira la narratrice mentre cammina lungo la spiaggia?

3. A che cosa deve fare attenzione la narratrice mentre cammina lungo la spiaggia?

4. Dove si siede il narratore per godersi il panorama?

5. Per quanto tempo il narratore rimane seduto lì?

6. Chi vede la narratrice quando riapre gli occhi?

7. Cosa dice la madre del narratore?

8. Di che cosa parlano il narratore e le persone che incontra?

Begrip vragen

1. Waar gaat de vertelster heen nadat ze wakker is geworden?

2. Wat bewondert de vertelster als ze langs het strand loopt?

3. Waar moet de vertelster op letten als ze langs het strand loopt?

4. Waar gaat de verteller zitten om van het uitzicht te genieten?

5. Hoe lang blijft de verteller daar zitten?

6. Wie ziet de verteller als ze haar ogen weer opent?

7. Wat zegt de moeder van de verteller?

8. Waar praten de verteller en de mensen die ze ontmoet over?

Campeggio al lago

Cammino verso il lago, **ammirando** la tranquillità della scena. Il sole batte sul piccolo lago, facendo sembrare l'acqua una lastra di vetro. L'unico movimento è l'increspatura occasionale di un pesce **che rompe** la superficie. Anche gli uccelli sembrano prendersi una pausa dal caldo, con il solo suono delle cicale che riempie l'aria. **All'improvviso**, la pace è rotta da un forte tonfo. Un grosso **pesce** è saltato fuori dall'acqua, cercando di catturare una libellula. Il pesce manca il bersaglio e ricade in acqua con un tonfo. "Wow", penso tra me e me, "quello era un pesce grosso!". Mi guardai intorno per vedere se qualcun altro l'avesse visto, ma non c'era nessuno. Immagino che dovrò raccontarlo quando tornerò al campo.

Il caldo è **opprimente** e rende difficile respirare. L'aria è densa e pesante, come una coperta che ti avvolge. L'unico sollievo è l'acqua. È fresca e rinfrescante, come una bibita fresca in una giornata calda. Faccio un respiro profondo e mi immergo nell'acqua. Il sollievo è immediato quando l'acqua fresca mi circonda. Nuoto fino al fondo e poi risalgo in superficie, sentendo l'acqua rinfrescare il mio corpo. Continuo a **nuotare** a vasche, godendomi la tregua dal caldo. Dopo un

Kamperen aan het meer

Ik loop naar het meer en **bewonder** de vredigheid van het tafereel. De zon schijnt op het meertje, waardoor het water een glazen plaat lijkt. De enige beweging is af en toe een rimpeling van een vis **die** het wateroppervlak breekt. Zelfs de vogels lijken een pauze te nemen van de hitte, met alleen het geluid van cicaden die de lucht vullen. **Plotseling** wordt de rust verbroken door een luide plons. Een grote **vis** is uit het water gesprongen, in een poging een libel te vangen. De vis mist zijn doel en valt met een plons terug in het water. "Wow," denk ik bij mezelf, "dat was een grote vis!." Ik keek om me heen om te zien of iemand anders hem had gezien, maar er was niemand in de buurt. Ik denk dat ik het ze zal moeten vertellen als ik terug ben in het kamp.

De hitte is **drukkend**, waardoor het moeilijk is om te ademen. De lucht is dik en zwaar, als een deken om je heen gewikkeld. De enige verlichting is in het water. Het is koel en verfrissend, als een koud drankje op een warme dag. Ik haal diep adem en duik in het water. De opluchting is onmiddellijk als het koele water me omringt. Ik zwem naar de bodem en dan weer naar de oppervlakte, terwijl ik voel hoe het water mijn lichaam afkoelt. Ik blijf baantjes trekken en geniet van de

po' esco dall'acqua e mi sdraio sull'erba, lasciando
che il sole asciughi il mio corpo. Chiudo gli occhi e mi
addormento, mentre il suono delle **cicale** mi culla in un
sonno profondo. Lascio che il sole scrosti l'acqua dalla
mia pelle. Sento la pelle arrossarsi, ma non mi importa.
Sono troppo accaldato per preoccuparmene. Il cielo è di
un bellissimo arancione, con striature di rosa e viola. Il
caldo è scomparso, sostituito da una fresca **brezza**.

Mi alzo e mi rivesto, sentendomi rinfrescata e
ringiovanita. **Respiro** profondamente l'aria fresca
e sorrido. È bello essere vivi. Torno al campeggio,
ammirando il modo in cui i colori danzano nel cielo.
Vedo il fuoco che arde in lontananza e sento l'odore del
fumo nell'aria. Sorrido e **accelero il** passo. Sono pronto
a rilassarmi e a godermi il resto della serata. Entro nel
campeggio e vedo che tutti sono riuniti intorno al fuoco.
Ridono e scherzano e posso vedere il fuoco riflesso nei
loro occhi. Sorrido e mi siedo accanto ai miei amici. È
bello essere tornati. La mattina dopo mi sveglio presto e
comincio a raccogliere le mie cose. Sono impaziente di
riprendere il cammino e continuare il mio viaggio. Saluto
i miei amici e mi incammino. Mentre cammino, do
un'ultima occhiata al **campeggio**. Vedo il fuoco ancora
acceso in lontananza e sento l'odore del fumo nell'aria.

afkoeling van de hitte. Na een tijdje kom ik uit het water en ga op het gras liggen, zodat de zon mijn lichaam kan drogen. Ik sluit mijn ogen en val in slaap, het geluid van de **cicaden** brengt me in een diepe slaap. Ik laat de zon het water uit mijn huid bakken. Ik voel dat mijn huid rood wordt, maar dat kan me niet schelen. Ik heb het te warm om me zorgen te maken. Het volgende dat ik weet, is dat de zon ondergaat. De lucht is prachtig oranje, met roze en paarse strepen. De hitte is weg, vervangen door een koel **briesje**.

Ik sta op en trek mijn kleren weer aan. Ik voel me verfrist en verjongd. Ik haal diep **adem** uit de koele lucht en glimlach. Het voelt goed om te leven. Ik loop terug naar de camping en bewonder de manier waarop de kleuren in de lucht dansen. In de verte zie ik het kampvuur branden, en ik ruik de rook in de lucht.
Ik glimlach en **versnel** mijn pas. Ik ben klaar om te ontspannen en te genieten van de rest van mijn avond. Ik loop de camping op en zie dat iedereen rond het vuur zit. Ze **lachen** en maken grapjes, en ik kan het vuur in hun ogen zien weerkaatsen. Ik glimlach en ga naast mijn vrienden zitten. Het is goed om terug te zijn. De volgende ochtend sta ik vroeg op en begin mijn spullen in te pakken. Ik sta te popelen om weer op pad te gaan en mijn reis voort te zetten. Ik neem afscheid van mijn vrienden en begin weg te lopen. Terwijl ik loop, werp ik nog een laatste blik op de **camping**. In de verte zie ik het vuur nog branden en ik ruik de rook in de lucht.

Domande di comprensione

1. Dove sta andando il camminatore?

2. Che tempo fa?

3. Che aspetto ha l'acqua?

4. Come reagisce il deambulatore al calore?

5. Cosa sta facendo il pesce?

6. Perché il camminatore è solo?

7. Come si sente l'acqua?

8. Come si sente il camminatore dopo il nuoto?

9. A che ora del giorno si sveglia il deambulatore?

10. Dove va l'ambulante quando lascia il campo?

Begrip vragen

1. Waar gaat de wandelaar heen?

2. Wat voor weer is het?

3. Hoe ziet het water eruit?

4. Hoe reageert de wandelaar op de hitte?

5. Wat doet de vis?

6. Waarom is de wandelaar alleen?

7. Hoe voelt het water aan?

8. Hoe voelt de wandelaar zich na het zwemmen?

9. Hoe laat is het als de wandelaar wakker wordt?

10. Waar gaat de wandelaar heen als hij het kamp verlaat?

La casa

La settimana scorsa mi sono trasferita nella mia nuova casa e sono così **entusiasta**! È molto più grande di quella vecchia e ha un grande giardino sul retro. Non vedo l'ora di invitare gli amici per grigliate e feste. La mia parte **preferita** è la mia nuova camera da letto. È così grande e luminosa e ho molto spazio per mettere tutte le mie cose. Sono molto contenta della mia nuova casa e penso che sarò molto felice qui. Ho deciso di esplorare ancora un po' la casa. Sono salita al secondo piano e ho iniziato a dirigermi verso la cucina, quando ho visto un grosso ragno nero sul muro! Ho urlato e sono corsa di sotto. Ero così **spaventata**! Ma dopo qualche minuto mi sono calmata e ho deciso di tornare di sopra. Mi sono avvicinata lentamente alla cucina e ho visto che il ragno non c'era più. Ero così sollevata! Tornai al piano di sotto e decisi di uscire per esplorare il **giardino**. Era così grande! Non potevo crederci. Vidi un'altalena in un angolo e uno scivolo. Vidi anche una rete da basket e un **trampolino**. Ero così eccitato!

Non vedo l'ora di usare tutto questo nuovo materiale. I **vicini sono** venuti e si sono presentati. Sembravano molto gentili e abbiamo parlato per un po'. Mi hanno invitato al loro barbecue il prossimo fine settimana e ho detto che mi sarebbe piaciuto venire. La prima

Het Huis

Ik ben vorige week in mijn nieuwe huis getrokken, en ik ben zo **opgewonden**! Het is zoveel groter dan mijn oude, en het heeft een grote achtertuin. Ik kan niet wachten om vrienden uit te nodigen voor BBQ's en feestjes. Mijn **favoriete** deel is mijn nieuwe slaapkamer. Hij is zo groot en licht, en ik heb veel ruimte om al mijn spullen op te bergen. Ik ben echt blij met mijn nieuwe huis en ik denk dat ik hier heel gelukkig zal zijn. Ik besloot om het huis nog wat verder te verkennen. Ik ging naar boven naar de tweede verdieping en ging op weg naar de keuken toen ik een grote zwarte spin op de muur zag! Ik gilde en rende naar beneden. Ik was zo **bang**! Maar na een paar minuten was ik gekalmeerd en besloot ik terug naar boven te gaan. Ik ging langzaam naar de keuken en zag dat de spin weg was. Ik was zo opgelucht! Ik ging terug naar beneden en besloot naar buiten te gaan om de **achtertuin te verkennen**. Hij was zo groot! Ik kon het niet geloven. Ik zag een schommel in de hoek en een glijbaan. Ik zag ook een basketbalnet en een **trampoline**. Ik was zo opgewonden!

Ik kan niet wachten om al deze nieuwe spullen te gebruiken. De **buren** kwamen langs en stelden zich voor. Ze leken erg aardig, en we hebben een tijdje gepraat. Ze nodigden me uit voor hun BBQ volgend

settimana nella mia nuova casa è stata fantastica e sono entusiasta di tutte le nuove avventure che mi aspettano. Oggi andrò di nuovo a esplorare il cortile per vedere cos'altro riesco a trovare. Chissà, forse troverò anche un **tesoro**. Non vedo l'ora di vedere cosa mi porterà la prossima settimana! La settimana successiva sono andata di nuovo in esplorazione nel cortile e ho trovato un giardino **segreto**. Era così bello! C'erano fiori dappertutto e un laghetto con i pesci. Ho visto anche un'altalena che non avevo mai visto prima. Ero così entusiasta di aver trovato questo giardino segreto e non vedo l'ora di esplorarlo ancora. Era così **bello**!

C'erano fiori dappertutto e un laghetto con dei pesci. Ho visto anche un'**altalena che non avevo mai** visto prima. Ero così entusiasta di aver trovato questo giardino segreto e non vedo l'ora di esplorarlo meglio. Mi è piaciuta molto anche la mia nuova stanza. Era così grande e luminosa e sulle pareti c'erano già i poster delle mie band preferite. Non ho nemmeno dovuto portare i miei **mobili**, perché c'erano già un letto, una cassettiera e una scrivania. Questo sarà l'anno migliore di sempre! Ero un po' nervosa all'idea di iniziare una nuova **scuola**, ma tutti i miei nuovi vicini sono stati così amichevoli. Ho persino conosciuto una ragazza che abita nella casa accanto e ha detto che verrà a scuola con me il primo giorno.

weekend, en ik zei dat ik graag zou komen. Ik had een geweldige eerste week in mijn nieuwe huis, en ik ben opgewonden over alle nieuwe avonturen die in het verschiet liggen. Vandaag ga ik weer op verkenning in de achtertuin en kijken wat ik nog meer kan vinden. Wie weet, misschien vind ik wel een **schat**. Ik kan niet wachten om te zien wat de volgende week brengt! De volgende week ging ik weer op verkenning in de achtertuin, en ik vond een **geheime** tuin. Het was zo mooi! Er waren overal bloemen en een kleine vijver met vissen erin. Ik zag ook een schommel die ik nog niet eerder had gezien. Ik was zo opgewonden toen ik deze geheime tuin vond, en ik kan niet wachten om hem verder te verkennen. Het was zo **mooi**!

Er waren overal bloemen en een kleine vijver met vissen erin. Ik zag ook een **schommel** die ik nog niet eerder had gezien. Ik was zo opgewonden toen ik deze geheime tuin vond, en ik kan niet wachten om hem verder te verkennen. Ik vond mijn nieuwe kamer ook geweldig. Hij was zo groot en licht, en er hingen al posters van mijn favoriete bands aan de muur. Ik hoefde niet eens mijn eigen **meubels** mee te nemen, want er stonden al een bed, een dressoir en een bureau. Dit wordt het beste jaar ooit! Ik was een beetje nerveus om op een nieuwe **school** te beginnen, maar al mijn nieuwe buren zijn zo vriendelijk. Ik heb zelfs een meisje ontmoet dat naast me woont, en ze zegt dat ze op mijn eerste dag met me naar school zal lopen.

Domande di comprensione

1. Dove vive la persona?

2. Come si trova la persona nella nuova casa?

3. Qual è la parte preferita della nuova casa?

4. Che cosa ha trovato la persona nel giardino?

5. Chi sono i vicini?

6. Come sono stati i primi giorni nella nuova casa?

7. Qual è la parte preferita della nuova stanza?

8. Che cosa ha intenzione di fare domani?

9. Qual è stata la parte migliore della prima settimana nella nuova casa?

10. Che cosa c'è nella nuova stanza della persona?

Begrip vragen

1. Waar woont de persoon?

2. Hoe vindt de persoon het in het nieuwe huis?

3. Wat is het favoriete deel van het nieuwe huis van de persoon?

4. Wat heeft de persoon in de tuin gevonden?

5. Wie zijn de buren?

6. Hoe voelde de persoon zich de eerste dagen in het nieuwe huis?

7. Wat is het favoriete deel van de nieuwe kamer van de persoon?

8. Wat is de persoon van plan morgen te doen?

9. Wat was het beste deel van de eerste week van de persoon in het nieuwe huis?

10. Wat is er allemaal in de nieuwe kamer van de persoon?

Sul treno

Corsi alla stazione ferroviaria, ma ero troppo in ritardo.
Il treno era già partito senza di me. Mi sentivo così
arrabbiata e **delusa** con me stessa. Avevo intenzione
di prendere il treno per andare a trovare i miei nonni
che vivono in campagna, ma ora avrei dovuto aspettare
un'ora intera per il treno successivo. Decisi invece di
passeggiare un po' per la città, cercando di dimenticare
l'occasione persa. Mentre camminavo, ho iniziato a
sognare a occhi aperti tutti i luoghi in cui il **treno** può
portarti. Improvvisamente, non ero più così arrabbiata.
Rientro in stazione e non posso fare a meno di notare
la grande locomotiva rossa, bianca e blu che si dirige
verso di me. Solo quando vedo il **capotreno che** mi
saluta dal finestrino capisco che quel treno è per me.
Salgo sul treno e trovo il mio posto, sistemandomi per
quello che si preannuncia un lungo viaggio.

Mentre usciamo dalla stazione, non posso fare a meno
di chiedermi dove mi porterà questo treno. Attraverso
campi verdi e fiumi blu, passando per montagne e valli,
non si sa dove andrà questo vecchio treno. Quando
inizia a calare la notte, mi addormento in un sonno
tranquillo, cullato dal movimento **ritmico** dei vagoni
sui binari sottostanti. Quando arriva il mattino, apro gli
occhi e scopro che siamo arrivati in una piccola città

In de trein

Ik rende naar het treinstation, maar ik was te laat. De trein was al vertrokken zonder mij. Ik voelde me zo **boos** en **teleurgesteld** in mezelf. Ik was van plan om met de trein naar mijn grootouders te gaan die op het platteland wonen, maar nu moest ik een heel uur wachten op de volgende trein. Ik besloot in plaats daarvan een eindje door de stad te lopen en probeerde mijn gemiste kans te vergeten. Terwijl ik liep, begon ik **te dagdromen** over alle plaatsen waar **treinen** je kunnen brengen. Plotseling was ik niet meer zo van streek. Ik liep terug naar het station en zag de grote rood-wit-blauwe locomotief die op me af kwam rijden. Pas als ik de **conducteur** vanuit het raam naar me zie zwaaien, realiseer ik me dat deze trein voor mij is. Ik stap in de trein en zoek een zitplaats. Ik ga zitten voor wat een lange reis belooft te worden.

Terwijl we het station uitrijden, vraag ik me af waar deze trein me heen zal brengen. Door groene **velden** en over blauwe rivieren, langs bergen en valleien, het is niet te zeggen waar deze oude trein heen zal gaan. Als de nacht begint te vallen, drijf ik weg in een **vredige** slaap, gewiegd door de **ritmische** beweging van de wagons op de sporen beneden. Als het weer ochtend wordt, open ik mijn ogen en zie dat we in een klein stadje

nel bel mezzo del nulla. Il sole fa appena capolino all'orizzonte, mentre la gente del posto inizia a girare per la Main Street; sembra un giorno come un altro, tranne che per una cosa: c'è un grande cartello affisso vicino al municipio che recita "Benvenuti a bordo!". Sembra che questa piccola città ci stesse aspettando, anche se siamo solo un normale treno **passeggeri** di passaggio sulla nostra strada. Mentre ci lasciamo ancora una volta la città alle spalle, andando verso chissà dove, sorrido a tutte le facce amichevoli che ci salutano da quelle casette incastonate tra i **campi coltivati:** è davvero incredibile come qualcosa di così apparentemente ordinario possa portare tanta gioia semplicemente passando di lì. E poi, naturalmente, ci sono i **bambini**.

Mi affaccio al finestrino della mia locomotiva. Mi fanno sempre sentire così felice con i loro occhi lucidi e i loro grandi sorrisi. Li saluto energicamente prima di tornare nella mia **cabina** e sedermi. È stata già una lunga giornata, ma non è ancora finita; mancano ancora alcune ore per raggiungere la nostra **destinazione** finale. Tiro fuori il mio libro e inizio a leggere, lasciando che il dondolio ritmico del treno mi culli in uno stato di pace. Di tanto in tanto alzo lo sguardo verso il paesaggio che passa fuori: non diventa mai vecchio, anche se lo vedo tante volte. Alla fine inizia a calare la notte e le luci **scintillanti** cominciano ad apparire in lontananza; ci stiamo avvicinando.

ergens in niemandsland zijn aangekomen. De zon komt net boven de horizon als de plaatselijke bevolking zich in de hoofdstraat begint te mengen; het ziet er hier uit als elke andere dag, behalve één ding - er hangt een groot bord bij het stadhuis met de tekst "Welkom aan boord!" Het lijkt erop dat dit stadje ons verwacht, ook al zijn we maar een gewone passagierstrein op doorreis naar elders. Terwijl we de stad weer achter ons laten, op weg naar wie weet waar, glimlach ik om al die vriendelijke gezichten die ons uitzwaaien vanuit die kleine huisjes tussen **het boerenland -** het is echt verbazingwekkend hoe iets dat zo gewoon lijkt, zoveel vreugde kan brengen door er gewoon langs te rijden. En dan, natuurlijk, zijn er de **kinderen**.

Ik leun uit het raam van mijn locomotief. Ze maken me altijd zo blij met hun stralende ogen en grote grijnzen. Ik zwaai energiek naar ze terug voordat ik terugga naar mijn **cabine** en ga zitten. Het was al een lange dag, maar hij is nog niet voorbij; het duurt nog een paar uur voordat we onze **eindbestemming** bereiken. Ik pak mijn boek en begin te lezen, terwijl het ritmische schommelen van de trein me in een vredige toestand brengt. Af en toe kijk ik op naar het landschap dat buiten aan me voorbijtrekt - het verveelt nooit, hoe vaak ik het ook zie. Uiteindelijk begint de nacht te vallen en verschijnen er **twinkelende** lichtjes in de verte; we komen nu in de buurt.

Domande di comprensione

1. Dove va il treno?

2. Chi viaggia sul treno?

3. Quando parte il treno?

4. Come fa il protagonista a salire sul treno?

5. Da dove viene il treno?

6. Dove è diretto il treno?

7. Quando sono arrivati i passeggeri?

8. Come si sente il protagonista quando perde il treno?

9. Come reagisce il macchinista quando vede il protagonista?

10. Perché al protagonista piacciono i treni?

Begrip vragen

1. Waar gaat de trein heen?

2. Wie reist er met de trein?

3. Wanneer vertrekt de trein?

4. Hoe komt de hoofdpersoon op de trein?

5. Waar komt de trein vandaan?

6. Waar gaat de trein nu heen?

7. Wanneer zijn de passagiers aangekomen?

8. Hoe voelt de hoofdpersoon zich als hij de trein mist?

9. Hoe reageert de treinmachinist als hij de
hoofdpersoon ziet?

10. Waarom houdt de hoofdpersoon van treinen?

Cucinare la cena

Sono le 17.00 e sto tornando a casa dal lavoro. Non vedo l'**ora** di passare una serata tranquilla a casa con il mio compagno. Cucineremo insieme la cena e poi ci rilasseremo per il resto della serata. È bello sapere che questa **sera non ho** programmi o obblighi. Arrivo a casa e il mio partner è già in cucina a preparare la cena. C'è un profumo **fantastico** qui dentro! Chiacchieriamo mentre cuciniamo, raccontandoci le nostre giornate e condividendo piccole storie della nostra vita lavorativa. La cucina è la mia stanza preferita del nostro appartamento. Adoro cucinare e soprattutto adoro farlo con il mio compagno. Ci divertiamo sempre molto qui dentro, ridendo e scherzando mentre cuciniamo. Inoltre, il cibo è sempre **incredibile** quando lavoriamo **insieme**.

Stasera prepariamo una delle mie ricette preferite di sempre: il **pollo** alla parmigiana. Il mio collega inizia a impanare il pollo, mentre io faccio cuocere la salsa sul **fuoco**. Lavoriamo insieme come una macchina ben oliata e in poco tempo la cena è pronta da servire. Ci sediamo al tavolo della nostra cucina con i **piatti** colmi di pollo alla parmigiana, pasta e insalata. Facciamo tintinnare i bicchieri e assaggiamo il primo boccone... ed è **paradisiaco**! Il pollo è croccante all'esterno ma succoso all'interno; il sugo è saporito e

Diner koken

Het is nu 5 uur 's middags en ik loop van mijn werk naar huis. Ik kijk **uit** naar een rustige avond thuis met mijn partner. We zullen samen eten koken en dan de rest van de avond ontspannen. Het voelt goed om te weten dat ik deze **avond** geen plannen of verplichtingen heb. Ik kom thuis en mijn partner is al in de keuken om ons eten klaar te maken. Het ruikt hier geweldig! We kletsen terwijl we koken, praten bij over elkaars dagen en delen kleine verhalen uit ons werkleven. De keuken is mijn favoriete kamer in ons appartement. Ik hou van koken, en vooral van koken met mijn partner. We hebben het hier altijd zo gezellig, we lachen en maken grapjes terwijl we koken. En het eten is altijd **heerlijk** als we **samenwerken**.

Vanavond maken we een van m'n lievelingsrecepten: Parmezaanse kip. Mijn partner begint met het paneren van de kip, terwijl ik de saus op het **fornuis** laat pruttelen. We werken samen als een goed geoliede machine en al snel is het eten klaar om op te dienen. We gaan aan onze kleine keukentafel zitten met **borden** vol met Parmezaanse kip, pasta en salade. We klinken op de glazen en nemen onze eerste hap, en het is **hemels**! De kip is knapperig van buiten maar sappig van binnen; de saus is smaakvol en perfect;

perfetto; la pasta è cotta al dente... tutto ha un sapore assolutamente perfetto stasera. Sappiamo entrambi che questa è stata una di quelle serate in cui tutto si è unito alla perfezione, mentre **assaporiamo** fino all'ultimo boccone il nostro delizioso pasto. Il sapore era persino migliore del profumo, che era dannatamente buono! Finiamo il pasto relativamente in fretta, visto che oggi nessuno dei due ha particolarmente fame, ma ci prendiamo il tempo necessario per goderci qualche altro **bicchiere di** vino chiacchierando con leggerezza di questo e quell'argomento. Dopo cena, puliamo velocemente insieme e poi ci spostiamo in salotto, dove passiamo un po' di tempo **a coccolarci** sul divano guardando la TV.

È così bello stare vicini dopo una lunga giornata di **lavoro**. Mi sento soddisfatta. Anche se non abbiamo avuto una serata movimentata, è stato bello passare un po' di tempo insieme senza dover uscire di casa. Abbiamo guardato un film e siamo andati a letto presto, sentendoci **soddisfatti** della nostra semplice serata. Questa è diventata una delle cose che **preferiamo** fare nelle sere in cui non vogliamo uscire: rilassarci a casa e goderci la reciproca compagnia con un pasto fatto in casa. È sempre bello sapere che possiamo tornare qui dopo una lunga giornata ed essere semplicemente noi stessi.

de pasta is al dente gekookt... alles smaakt absoluut perfect vanavond. We weten allebei dat dit een van die avonden was waarop alles perfect samenkwam en we **genieten van** elke laatste hap van onze heerlijke maaltijd. Het smaakte nog beter dan het rook, en dat was verdomd goed! We eten relatief snel, omdat geen van ons beiden vandaag honger heeft, maar we nemen de tijd om nog een paar **glazen** wijn te drinken terwijl we luchtig kletsen over van alles en nog wat. Na het eten ruimen we snel samen op en gaan dan naar de woonkamer, waar we een poosje **knuffelen** op de bank terwijl we TV kijken.

Het voelt zo fijn om dicht bij elkaar te zijn na een lange dag apart **werken**. Ik voel me voldaan. Ook al hadden we geen avond vol belevenissen, het was fijn om gewoon wat tijd met elkaar door te brengen zonder het huis uit te hoeven. We keken een film en gingen vroeg naar bed, met een **voldaan** gevoel over onze eenvoudige avond. Dit is een van onze **favoriete** dingen geworden om te doen op avonden dat we niet uit willen gaan - gewoon thuis ontspannen en genieten van elkaars gezelschap tijdens een zelfgekookte maaltijd. Het is altijd fijn om te weten dat we hier na een lange dag kunnen terugkomen en gewoon onszelf kunnen zijn.

Domande di comprensione

1. Da dove viene il narratore?

2. Cosa fa il narratore dopo il lavoro?

3. Cosa mangia il narratore per cena?

4. Perché al narratore piace la cucina?

5. Che tipo di piatto cucina la coppia?

6. Come si sente il narratore alla fine della serata?

7. Qual è la cosa che la coppia preferisce fare?

8. Cosa fa la coppia quando è stanca?

9. Dove dormono?

10. Perché al narratore piace stare a casa?

Begrip vragen

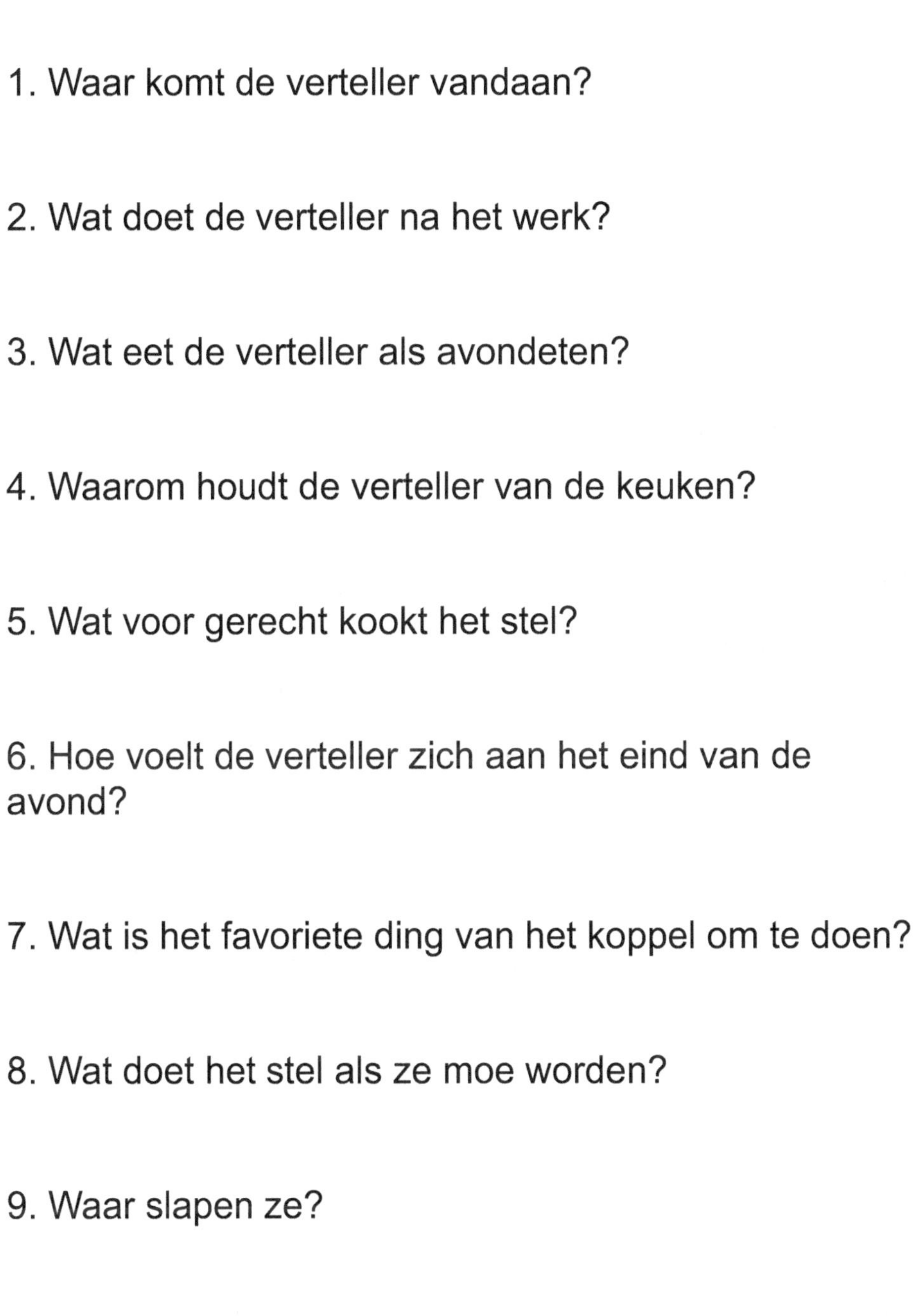

1. Waar komt de verteller vandaan?

2. Wat doet de verteller na het werk?

3. Wat eet de verteller als avondeten?

4. Waarom houdt de verteller van de keuken?

5. Wat voor gerecht kookt het stel?

6. Hoe voelt de verteller zich aan het eind van de avond?

7. Wat is het favoriete ding van het koppel om te doen?

8. Wat doet het stel als ze moe worden?

9. Waar slapen ze?

10. Waarom blijft de verteller graag thuis?

Tornare a casa a piedi

Era una notte **tranquilla** mentre tornavo a casa dal lavoro. Mentre camminavo, non potevo fare a meno di sorridere ai ricordi. Era bello tornare nel mio vecchio quartiere. Salutai alcune persone che conoscevo e loro ricambiarono il saluto. Era bello essere a casa. Passai davanti alla mia vecchia scuola e **ricordai** tutti i bei momenti passati con i miei amici. Tornavamo sempre a casa insieme e parlavamo della nostra giornata. **A volte ci** fermavamo a prendere un gelato o andavamo al parco. Erano i momenti migliori. Mi mancano quei momenti. Ma ora ho la mia famiglia e sono felice della mia vita. Sono felice di poter guardare indietro a quei ricordi e sorridere. Sono una parte della mia vita che conserverò per sempre. Erano i tempi migliori. Mi mancano quei tempi. Ma ora ho la mia famiglia e sono felice della mia vita. Sono felice di poter guardare indietro a quei **ricordi** e sorridere. Sono una parte della mia vita che conserverò per sempre.

Continuo a camminare, pensando ai bei momenti passati con i miei amici. So che li rivedrò presto. Mi dirigo verso casa e decido di passeggiare in un parco lì vicino. Il sole sta tramontando e il cielo sta diventando di un **bel** colore arancione. Il parco è vuoto, a parte

Walking Home

Het was een **rustige** avond toen ik van mijn werk naar huis liep. Terwijl ik liep, kon ik niet anders dan glimlachen bij de herinneringen. Het voelde goed om terug in mijn oude buurt te zijn. Ik zwaaide naar een paar mensen die ik kende, en zij zwaaiden terug. Het was goed om thuis te zijn. Ik liep langs mijn oude school en **herinnerde me** alle leuke tijden die ik had met mijn vrienden. We liepen altijd samen naar huis en praatten over onze dag. **Soms** stopten we om een ijsje te halen of gingen we naar het park. Dat waren de beste tijden. Ik mis die tijden. Maar nu heb ik mijn eigen familie en ik ben blij met mijn leven. Ik ben blij dat ik op die herinneringen kan terugkijken en glimlachen. Ze zijn een deel van mijn leven dat ik altijd zal koesteren. Dat waren de beste tijden. Ik mis die tijden. Maar nu heb ik mijn eigen familie en ben ik gelukkig met mijn leven. Ik ben blij dat ik kan terugkijken op die **herinneringen** en kan glimlachen. Ze zijn een deel van mijn leven dat ik altijd zal koesteren.

Ik blijf lopen, denkend aan de goede tijden die ik had met mijn vrienden. Ik weet dat ik ze snel weer zal zien. Ik ga richting mijn huis en besluit door een park in de buurt te lopen. De zon gaat onder en de lucht

qualche uccello che cinguetta tra gli alberi. Faccio un **respiro** profondo e sorrido. Mentre cammino nel parco, vedo una stella cadente che attraversa il cielo. Esprimo un desiderio su quella stella e continuo a camminare. Penso alla mia giornata di lavoro e a quanto sia stata **tranquilla**. Sorrido tra me e me, pensando a quanto sono fortunata ad avere un lavoro così bello. Cammino verso casa, **sentendo** l'aria fresca della notte sulla mia pelle. Mi sento così viva e felice, godendomi il semplice atto di tornare a casa in una notte tranquilla.
Mi sentivo così bene che iniziai a **fischiettare**. Passai accanto ad alcune persone per strada, ma tutte si facevano gli affari loro.

Svoltato l'angolo della mia strada, vidi il gatto del mio vicino, Mr. Whiskers, seduto sul mio portico. Lo salutai e lui ricambiò il miagolio. **Aprii la** porta ed entrai.
Ero così felice di essere a casa. Mi tolsi le scarpe e mi preparai per andare a letto. Quella sera andai a letto felice e grata, con il cuore pieno d'amore. Dormii profondamente per tutta la notte, senza preoccuparmi di nulla. Mi svegliai da un sonno ristoratore e fui **accolta** dal sole che entrava dalla finestra. Mi alzai dal letto e mi stiracchiai, facendo un respiro profondo e sentendo l'aria fresca riempirmi i polmoni.

kleurt **prachtig** oranje. Het park is leeg, behalve een paar vogels die in de bomen tjilpen. Ik haal diep **adem** en glimlach. Terwijl ik door het park loop, zie ik een vallende ster door de lucht scheren. Ik doe een wens op die ster, en loop verder. Ik denk aan mijn dag op het werk en hoe **vredig** het was. Ik glimlach in mezelf, denkend aan hoe gelukkig ik ben dat ik zo'n geweldige baan heb. Ik loop naar huis en **voel** de koele nachtlucht op mijn huid. Ik voel me zo levendig en gelukkig, gewoon genietend van de eenvoudige handeling van het naar huis lopen op een vredige avond.
Ik voelde me zo goed, dat ik begon te **fluiten**. Ik liep langs een paar mensen op straat, maar ze bemoeiden zich allemaal met hun eigen zaken.

Ik draaide de hoek van mijn straat om en zag de kat van mijn buren, Mr. Whiskers, op mijn veranda zitten. Ik zei hem gedag en hij miauwde terug. Ik **deed** mijn deur **van het slot** en ging naar binnen. Ik was zo blij om thuis te zijn. Ik trok mijn schoenen uit en maakte me klaar om naar bed te gaan. Ik ging die avond naar bed met een blij en dankbaar gevoel, mijn hart vol liefde. Ik sliep de hele nacht rustig door, zonder me ergens zorgen over te maken. Ik werd wakker uit een rustgevende slaap en werd **begroet** door de zon die door mijn raam naar binnen scheen. Ik stapte uit bed en rekte me uit, haalde diep adem en voelde hoe de koele lucht mijn longen vulde.

Domande di comprensione

1. Cosa stava facendo il protagonista quando è iniziata la storia?

2. A cosa pensava il protagonista mentre tornava a casa?

3. Cosa faceva il protagonista con gli amici dopo la scuola?

4. Cosa manca al protagonista di quei tempi?

5. Cosa pensa il protagonista della sua vita attuale?

6. Cosa fa il protagonista quando vede una stella cadente?

7. Come si sente il protagonista quando torna a casa?

8. Cosa fa il protagonista quando torna a casa?

9. Come si sente il protagonista quando si sveglia la mattina dopo?

10. Cosa fa il protagonista il giorno dopo?

Begrip vragen

1. Wat was de hoofdpersoon aan het doen toen het verhaal begon?

2. Waar dacht de hoofdpersoon aan toen hij naar huis liep?

3. Wat deed de hoofdpersoon vroeger met vrienden na school?

4. Wat mist de hoofdpersoon van die tijd?

5. Wat vindt de hoofdpersoon van zijn huidige leven?

6. Wat doet de hoofdpersoon als hij een vallende ster ziet?

7. Hoe voelt de hoofdpersoon zich als ze naar huis lopen?

8. Wat doet de hoofdpersoon als ze thuiskomen?

9. Hoe voelt de hoofdpersoon zich als hij de volgende ochtend wakker wordt?

10. Wat doet de hoofdpersoon de volgende dag?

Il castello

La famiglia aveva sempre desiderato visitare un antico castello in **Germania** e finalmente ha intrapreso il viaggio. Non sono rimasti **delusi**. Il castello era bellissimo e si sono divertiti a esplorare le sue stanze e i suoi corridoi. La prima cosa che li colpì fu l'odore. Trovarono **muffa**, umidità e qualcos'altro che non riuscirono a definire con precisione. La seconda cosa è stata il suono. I muri di pietra sono spessi, ma non attutiscono completamente il suono. Sentirono ogni passo, ogni parola pronunciata con voce normale e l'occasionale gocciolio dell'acqua **da qualche parte** in lontananza. Quando i loro occhi si adattarono alla luce fioca, videro le massicce mura di pietra che incombevano intorno a loro, con gli arazzi appesi a **brandelli**. Si trovavano in un'enorme sala con un alto soffitto sostenuto da pilastri scolpiti. Anche a loro piaceva molto la vista che si godeva dalle torrette e i bambini si divertivano un mondo a correre per il parco. Quando finirono di esplorare il castello, il **sole** era già tramontato e si pentirono di non aver portato una **torcia**. Decisero di tornare all'ingresso, ma si persero subito. Vagarono per ore e ore, finché alla fine trovarono una porta che conduceva all'esterno. Proseguirono fino **alla** fine del corridoio e si trovarono

Het kasteel

De familie had altijd al eens een oud kasteel in **Duitsland** willen bezoeken, en eindelijk hebben ze de reis gemaakt. Ze werden niet **teleurgesteld**. Het kasteel was prachtig, en ze genoten van het verkennen van de vele kamers en gangen. Het eerste wat hen trof was de geur. Ze vonden **schimmel**, vochtigheid, en iets anders waar ze hun vinger niet op konden leggen. Het tweede was het geluid. Stenen muren zijn dik, maar ze dempen het geluid niet volledig. Ze hoorden elke voetstap, elk woord dat met een normale stem werd gesproken, en af en toe een druppeltje water **ergens** in de verte. Toen hun ogen zich aanpasten aan het zwakke licht, zagen zij overal om hen heen massieve stenen muren opdoemen, waaraan wandtapijten in flarden hingen. Ze stonden in een enorme hal met een hoog plafond, ondersteund door gebeeldhouwde pilaren. Ze hielden ook van het uitzicht vanaf de torentjes, en de kinderen vermaakten zich met rondrennen over het terrein. De **zon** begon al onder te gaan tegen de tijd dat ze klaar waren met het verkennen van het kasteel, en ze betreurden het dat ze geen **zaklamp** hadden meegenomen. Ze besloten om terug te gaan naar de ingang, maar al snel waren ze verdwaald. Ze dwaalden urenlang rond,

davanti a un'imponente serie di doppie porte. Per quanto potessero, le porte non si muovevano. Scricchiolano **minacciosamente**, ma non si muovono di un millimetro. Sembrava che chiunque fosse stato qui prima dovesse essere passato di qui e averle chiuse dall'interno. Alla fine trovano una via d'uscita. Il sollievo li invade mentre escono nell'aria fresca della notte.

Il sole aveva iniziato a tramontare e si **pentirono di non aver** portato una torcia. Decisero di tornare all'ingresso, ma si persero subito. Vagarono per ore e ore, finché alla fine trovarono una porta che conduceva all'**esterno**. Il sollievo li colse quando uscirono nell'aria fresca della notte. La sera successiva si assicurarono di portare con sé una torcia per esplorare il resto del castello. Attraversarono il **cortile** e scesero fino al fiume che scorreva dietro le mura del **castello**. Mentre camminavano, cominciarono a sentire strani rumori. Sembrava che qualcuno li stesse seguendo. Accelerarono il passo, ma i rumori diventavano sempre più forti e vicini. La famiglia tornò al castello il più velocemente possibile e si accorse con sollievo che la figura con il mantello **scuro** non li aveva seguiti.

tot ze eindelijk een deur tegenkwamen die naar buiten leidde. Ze liepen door tot ze **aan het** eind van de gang kwamen bij een imposant stel dubbele deuren. Hoe ze ook probeerden, de deuren wilden niet bewegen. Ze rammelden **onheilspellend**, maar bewogen geen centimeter. Het leek erop dat degene die hier eerder was, hier doorheen was gegaan en ze van binnenuit had afgesloten. Uiteindelijk vinden ze een uitweg. Opluchting overspoelde hen toen ze naar buiten stapten in de koele nachtlucht.

De zon begon onder te gaan en zij **betreurden het** dat zij geen zaklamp hadden meegenomen. Ze besloten terug te gaan naar de ingang, maar al gauw waren ze verdwaald. Ze dwaalden urenlang rond, tot ze eindelijk een deur tegenkwamen die **naar buiten** leidde. Opluchting overviel hen toen ze naar buiten stapten in de koele nachtlucht. De volgende avond namen ze een zaklamp mee om de rest van het kasteel te verkennen. Ze liepen over de **binnenplaats** en naar de rivier die achter de kasteelmuren stroomde. Terwijl ze rondliepen, begonnen ze vreemde geluiden te horen. Het klonk alsof iemand hen volgde. Ze versnelden hun pas, maar de geluiden werden luider en dichterbij. De familie rende zo snel als ze konden terug naar het kasteel, en ze waren opgelucht toen ze zagen dat de figuur in de **donkere** mantel hen niet was gevolgd.

Domande di comprensione

1. Cosa fece la famiglia quando si perse nel castello?

2. Come si è sentita la famiglia quando ha scoperto che si trattava solo di un uomo del posto?

3. Che cosa ha fatto l'uomo che lo ha fatto arrestare?

4. Qual è stata la sentenza per l'uomo?

5. Quale rumore ha sentito la famiglia mentre camminava?

6. Dov'era la figura con il mantello scuro quando la famiglia lo vide?

7. Che cosa ha fatto la famiglia quando è tornata nella sua stanza?

8. Quando la famiglia è tornata a esplorare il castello?

9. Qual era la cosa che la famiglia non riusciva a capire?

10. Cosa fece la famiglia prima di tornare a esplorare il castello?

Begrip vragen

1. Wat deed de familie toen ze verdwaald waren in het kasteel?

2. Hoe voelde de familie zich toen ze erachter kwamen dat het gewoon een lokale man was?

3. Wat heeft de man gedaan waardoor hij gearresteerd is?

4. Wat was de straf voor de man?

5. Welk geluid hoorde de familie tijdens de wandeling?

6. Waar was de figuur in de donkere mantel toen de familie hem zag?

7. Wat deed de familie toen ze terugkwamen in hun kamer?

8. Wanneer ging de familie het kasteel weer verkennen?

9. Wat was het ding waar de familie hun vinger niet op konden leggen?

10. Wat deed de familie voordat ze weer op verkenning gingen in het kasteel?

Il mio giardino

Il mio giardino è il mio luogo felice. Esco ogni giorno, con la pioggia o con il sole, e passo il tempo a curare le mie piante. Ho un po' di **tutto: verdure**, frutta, fiori, erbe aromatiche. Ho anche alcune galline che mi aiutano a tenere lontani i parassiti. Inizio le mie giornate in giardino raccogliendo le uova dalle galline. Poi controllo le verdure, assicurandomi che ricevano acqua e sole a sufficienza. Diserbo le aiuole e rimuovo gli insetti che potrebbero **attaccare** le piante. Una volta sistemato **tutto**, mi siedo e mi godo la pace e la tranquillità della natura.

Ho sempre amato trascorrere del tempo nel mio giardino. C'è qualcosa nell'essere circondati dalla natura e da tutta la **bellezza che** ha da offrire. Trovo che sia un luogo molto tranquillo e rilassante. Spesso trascorro il tempo nel mio giardino rilassandomi e godendomi il paesaggio. Mi piace anche lavorare nel mio giardino e coltivare. Ho un giardino di buone dimensioni e mi piace coltivare **diverse** cose. Coltivo fiori, **verdure** ed erbe aromatiche. Ho anche alcuni alberi da frutto che producono mele, pere e prugne deliziose. Oltre a coltivare, mi piace anche passare il tempo passeggiando nel mio giardino, **ammirando** tutte le piante e gli animali che lo abitano. Negli anni

Mijn tuin

Mijn tuin is mijn geluksplek. Ik ga er elke dag heen, regen of zonneschijn, en besteed tijd aan het verzorgen van mijn planten. Ik heb een beetje van **alles: groenten**, fruit, bloemen, kruiden. Ik heb zelfs een paar kippen die helpen het ongedierte op afstand te houden. Ik begin mijn dagen in de tuin met het rapen van eieren bij de kippen. Dan controleer ik mijn groenten en zorg ervoor dat ze genoeg water en zon krijgen. Ik wied de bedden en verwijder insecten die de planten kunnen **aanvallen**. Als **alles** is gedaan, leun ik achterover en geniet van de rust en stilte van de natuur.

Ik heb altijd graag tijd doorgebracht in mijn tuin. Er is iets met het omringd zijn door de natuur en al het **moois** dat zij te bieden heeft. Ik vind het een heel vredige en kalmerende plek. Ik breng vaak tijd door in mijn tuin, gewoon om te ontspannen en te genieten van het landschap. Ik geniet er ook van om in mijn tuin te werken en dingen te kweken. Ik heb een behoorlijk grote tuin, en ik kweek er graag **verschillende** dingen in. Ik kweek bloemen, **groenten** en kruiden. Ik heb ook een paar fruitbomen die heerlijke appels, peren en pruimen voortbrengen. Naast het kweken van dingen, vind ik het ook leuk om gewoon in mijn tuin rond te lopen en de verschillende planten en dieren te

ho trascorso molte ore a lavorare per rendere il mio **giardino** un luogo non solo bello ma anche funzionale. Mi piace osservare gli uccelli che svolazzano in giro e ascoltarli cantare. A volte tiro fuori un libro e leggo in giardino, circondata da tutta la bellezza che ho creato. Il **giardinaggio** è la mia passione e mi porta tanta gioia. Ogni giorno nel mio giardino è un buon giorno.

Una delle cose che amo fare è cucinare, quindi avere un giardino di erbe aromatiche ben fornito è molto **importante** per me. Timo, basilico, origano, rosmarino, salvia e lavanda sono solo alcune delle erbe che mi piace coltivare nel mio giardino per poterle usare quando cucino per me o per gli **ospiti**. Un'altra cosa importante per me quando si tratta del mio giardino è assicurarmi che ci sia molto colore in tutto il giardino. Per raggiungere questo obiettivo, coltivo una grande varietà di fiori, tra cui **rose**, gigli, margherite, tulipani, impatiens, calendule, ecc. Oltre ad aggiungere colore con i fiori, mi piace anche aggiungere interesse utilizzando diverse **texture** in tutto il giardino. Per esempio, potrei piantare felci sotto imponenti girasoli o hosta **accanto a** spigolose erbe ornamentali. Indipendentemente da ciò che accade nella vita, lavorare nel mio giardino **riesce** sempre a farmi sentire più connessa con la natura e in pace con me stessa.

bewonderen die er wonen. Ik heb in de loop der jaren vele uren besteed om van mijn **tuin** een plek te maken die niet alleen mooi is, maar ook functioneel. Ik kijk graag naar de vogels die rondfladderen en luister naar hun gezang. Soms haal ik zelfs een boek tevoorschijn en lees in de tuin terwijl ik omringd ben door al het moois dat ik heb gecreëerd. **Tuinieren** is mijn passie en het brengt me zoveel vreugde. Elke dag in mijn tuin is een goede dag.

Een van de dingen die ik graag doe is koken, dus een goed gevulde kruidentuin is erg **belangrijk** voor me. Tijm, basilicum, oregano, rozemarijn, salie en lavendel zijn slechts enkele van de kruiden die ik graag in mijn tuin kweek, zodat ik ze kan gebruiken bij het bereiden van maaltijden voor mezelf of voor **gasten**. Wat ik ook belangrijk vind in mijn tuin is dat er veel kleur in zit. Om dit doel te bereiken, kweek ik een grote verscheidenheid aan bloemen, waaronder **rozen**, lelies, madeliefjes, tulpen, impatiens, goudsbloemen, enz. Naast het toevoegen van kleur met bloemen, vind ik het ook leuk om verschillende **texturen te** gebruiken in de tuin. Zo plant ik bijvoorbeeld varens onder torenhoge zonnebloemen of hosta's **naast** stekelige siergrassen. Wat er verder ook aan de hand is in mijn leven, door in mijn tuin **te** werken voel ik me altijd meer verbonden met de natuur en in vrede met mezelf.

Domande di comprensione

1. Dove si trova il giardino dell'autore?

2. Quanti polli ha l'autore?

3. Che cosa fa l'autore in giardino ogni giorno?

4. Perché all'autore piace il giardino?

5. Quali sono le erbe che l'autore pianta nel giardino?

6. Perché è importante per l'autore che ci siano molti colori nel suo giardino?

7. Come fa l'autore a dare varietà al suo giardino?

8. Come si sente l'autore quando lavora nel suo giardino?

9. Cosa fa sentire l'autore in sintonia quando è nel suo giardino?

10. Perché ogni giorno nel giardino dell'autore è un buon giorno?

Begrip vragen

1. Waar is de tuin van de auteur?

2. Hoeveel kippen heeft de schrijver?

3. Wat doet de schrijver elke dag in de tuin?

4. Waarom houdt de auteur van de tuin?

5. Welke kruiden plant de auteur in de tuin?

6. Waarom is het belangrijk voor de auteur dat er veel kleuren in zijn tuin zijn?

7. Hoe brengt de auteur afwisseling in zijn tuin?

8. Hoe voelt de schrijver zich als hij in zijn tuin werkt?

9. Waardoor voelt de auteur zich verbonden als hij in zijn tuin is?

10. Waarom is elke dag in de tuin van de auteur een goede dag?

Fare shopping

Mi piace andare **a fare shopping al** centro commerciale. È sempre molto divertente passeggiare e guardare tutti i diversi negozi. Al centro commerciale ce n'è per tutti i gusti ed è sempre un ottimo posto per trovare offerte su vestiti, scarpe e accessori. **Di solito** inizio il mio shopping attraversando l'**ingresso** principale del centro commerciale. Da lì, mi dirigo prima verso i miei negozi preferiti. Dopo aver dato un'occhiata a quei negozi, vado in giro a vedere se ci sono saldi in corso in altri posti. Di solito trascorro un paio d'ore nel centro commerciale prima di fare i miei acquisti. Mi piace sempre prendermi il tempo necessario per fare shopping, **perché** voglio essere sicura di acquistare **esattamente** ciò che voglio. In più, così è più divertente!

Trovo sempre molto **affascinante** osservare le persone mentre sono al centro commerciale. Si può capire molto di una persona dal modo in cui fa acquisti. Alcune persone sono molto metodiche e si prendono il loro tempo, mentre altre sembrano prendere **tutto quello che** possono e dirigersi alla cassa il più velocemente possibile. Ci sono anche quelli che sembrano più interessati a parlare al cellulare o a mandare messaggi piuttosto che guardare la merce! A prescindere dal tipo

Gaan winkelen

Ik hou ervan om te gaan **winkelen** in het winkelcentrum. Het is altijd zo leuk om rond te lopen en naar alle verschillende winkels te kijken. Er is voor elk wat wils in het winkelcentrum, en het is altijd een geweldige plek om deals te vinden voor kleren, schoenen en accessoires. Ik begin mijn shoppingtrip meestal met een wandeling door de **hoofdingang** van het winkelcentrum. Van daaruit ga ik eerst naar mijn favoriete winkels. Na het bekijken van die winkels, loop ik rond en kijk of er een verkoop gaande is op andere plaatsen. Meestal ben ik wel een paar uur in het winkelcentrum voordat ik eindelijk mijn aankopen doe. Ik neem altijd graag mijn tijd als ik ga winkelen, **want** ik wil zeker weten dat ik **precies** krijg wat ik wil. Plus, het is gewoon leuker op die manier!

Ik vind het altijd zo **fascinerend** om mensen te kijken als ik in het winkelcentrum ben. Je kunt echt veel over een persoon vertellen door de manier waarop ze winkelen. Sommige mensen zijn heel methodisch en nemen hun tijd, terwijl anderen gewoon lijken te grijpen **wat** ze kunnen en zo snel mogelijk naar de kassa gaan. Er zijn ook shoppers die meer geïnteresseerd lijken te zijn in het praten op hun mobieltje of in sms'en dan in het bekijken van de koopwaar! Het maakt echter

di acquirente, però, sembra che a tutti piaccia guardare le vetrine, anche se non si compra nulla. C'è qualcosa che mi rende felice nel guardare tutte le belle cose nelle **vetrine** dei negozi. A volte fantastico su come sarebbe se potessi permettermi **tutto quello che** vedo! Tutto sommato, trascorrere una giornata di shopping al centro commerciale è uno dei miei passatempi preferiti. È un ottimo modo per rilassarsi e distendersi, facendo anche un po' di esercizio fisico (se si cammina abbastanza). Inoltre, è **sempre** bello concedersi una camicia o un paio di scarpe nuove ogni tanto!

Ho avuto una **lunga** giornata di lavoro e finalmente avevo un po' di tempo per me, così ho deciso di andare a fare shopping al centro commerciale. Mi servivano dei vestiti nuovi per la **prossima** stagione. Appena sono entrata, ho visto tutte le luci e le vetrine scintillanti. Mi sono diretta prima al mio negozio preferito e ho iniziato a sfogliare gli scaffali. Ho trovato alcuni top carini e li ho provati nel camerino. Mentre mi guardavo allo specchio, sentii qualcuno entrare nel **camerino** accanto al mio. Ho riconosciuto la sua voce come quella di una mia collega. Ci siamo salutati e abbiamo iniziato a chiacchierare di lavoro. Dopo qualche minuto, entrambi abbiamo finito e siamo andati per la **nostra** strada, ma ci siamo incontrati di nuovo più tardi. Abbiamo continuato a chiacchierare e ci siamo resi conto di avere in comune più di quanto pensassimo.

niet uit wat voor soort shopper je bent, iedereen lijkt te genieten van window shopping - zelfs als je niet echt iets koopt. Er is gewoon iets aan het kijken naar al die mooie dingen in de **etalages** dat me gelukkig maakt. Soms fantaseer ik over hoe het zou zijn als ik me **alles** kon veroorloven wat ik zie! Al met al is een dagje winkelen in het winkelcentrum een van mijn favoriete bezigheden. Het is een geweldige manier om te ontspannen en tot rust te komen, terwijl je ook een beetje beweging krijgt (als je maar genoeg rondloopt). Bovendien is het **altijd** leuk om jezelf af en toe te trakteren op een nieuw shirt of een paar schoenen!

Ik had een **lange** dag op het werk en had eindelijk wat tijd voor mezelf, dus besloot ik te gaan winkelen in het winkelcentrum. Ik had wat nieuwe kleren nodig voor het **komende** seizoen. Zodra ik binnenkwam, zag ik al die felle lichten en glimmende etalages. Ik ging eerst naar mijn favoriete winkel en begon door de rekken te snuffelen. Ik vond een paar leuke topjes en paste ze in de kleedkamer. Terwijl ik mezelf in de spiegel bekeek, hoorde ik iemand de kleedkamer naast de mijne binnenkomen. Ik herkende zijn stem als een van mijn collega's. We zeiden hallo en begonnen te kletsen over het werk. Na een paar minuten waren we allebei klaar en gingen we onze **eigen** weg, maar later kwamen we elkaar weer tegen. We praatten verder en beseften dat we meer gemeen hadden dan we dachten.

Domande di comprensione

1. Dove vi piace di più conservare?

2. Qual è il vostro negozio preferito nel centro commerciale?

3. Quanto tempo si ferma di solito al centro commerciale?

4. Cosa pensa delle persone che passano molto tempo al centro commerciale?

5. Qual è la cosa che preferite fare al centro commerciale?

6. Avete mai comprato qualcosa al centro commerciale quando non ne avevate davvero bisogno?

7. Come reagite quando al centro commerciale vedete qualcosa che vi piacerebbe molto, ma che costa troppo?

8. Avete mai visto qualcosa al centro commerciale e vi siete chiesti chi lo avrebbe comprato?

9. Qual è la sua opinione sulle persone che al centro commerciale sono impegnate con il cellulare invece di guardare i negozi?

Begrip vragen

1. Waar sla je het liefst op?

2. Wat is je favoriete winkel in het winkelcentrum?

3. Hoe lang blijft u meestal in het winkelcentrum?

4. Wat vind je van mensen die veel tijd in het winkelcentrum doorbrengen?

5. Wat is uw favoriete bezigheid in het winkelcentrum?

6. Heb je ooit iets gekocht in het winkelcentrum terwijl je het niet echt nodig had?

7. Hoe reageert u als u in het winkelcentrum iets ziet dat u heel graag zou willen hebben, maar dat te duur is?

8. Heb je ooit iets in het winkelcentrum gezien en je afgevraagd wie het zou kopen?

9. Wat vindt u van mensen die in het winkelcentrum met hun mobieltje bezig zijn in plaats van naar de winkels te kijken?

Al mercato

Mi sveglio presto il sabato mattina, desiderosa di andare al **mercato** prima che sia troppo affollato. Mi infilo i vestiti e esco dalla porta, prendendo le mie borse riutilizzabili. Mentre cammino, inizio a pianificare quello che voglio fare per la settimana a venire. So che voglio **arrostire le** verdure almeno una volta, quindi dovrò comprare delle verdure di buona qualità. Voglio anche fare una zuppa o uno stufato, quindi dovrò comprare anche della carne. Dovrò vedere cosa c'è di buono quando arriverò lì. Il mercato è a pochi isolati di distanza e vedo già le bancarelle allestite e la **gente** che vi si aggira.

Arrivo al mercato e mi dirigo subito verso il banco delle verdure. La scelta è bellissima e riempio le mie borse con una grande varietà di prodotti **freschi**. Parlo un po' con il contadino e mi consiglia alcune ricette. Non vedo l'ora di provarle. Mentre faccio la spesa, chiacchiero con i **contadini** per conoscere meglio loro e i loro prodotti. Dopo aver preso tutte le verdure che mi servono, passo al reparto carne. Qui sono un po' più titubante, perché non sono sicuro di quello che voglio prendere. Alla fine scelgo il pollo, perché è versatile e può essere utilizzato in diversi piatti. Compro anche alcuni tagli di carne diversi, assicurandomi di prendere

Op de markt

Ik sta op zaterdagochtend vroeg op, popelend om naar de **markt te gaan** voordat het te druk wordt. Ik trek wat kleren aan en ga de deur uit, terwijl ik onderweg mijn herbruikbare tassen pak. Terwijl ik loop, begin ik te plannen wat ik de komende week wil maken. Ik weet dat ik minstens één keer groenten wil **roosteren**, dus ik moet wat groenten van goede kwaliteit kopen. Ik wil ook een soep of stoofpot maken, dus ik moet ook wat vlees kopen. Ik zal moeten kijken wat er goed uitziet als ik daar ben. De markt is maar een paar straten verderop, en ik zie de kraampjes al staan en de **mensen al rondlopen**.

Ik kom aan op de markt en ga meteen naar de groentekraam. Het aanbod is prachtig en ik vul mijn tassen met een verscheidenheid aan **verse** producten. Ik maak een praatje met de boer en hij raadt me een paar recepten aan. Ik ben enthousiast om ze uit te proberen. Ik maak een praatje met de **boeren** terwijl ik aan het winkelen ben en leer hen en hun producten kennen. Als ik alle groenten heb die ik nodig heb, ga ik naar de vleesafdeling. Ik aarzel een beetje, omdat ik niet zeker weet wat ik wil hebben. Uiteindelijk kies ik voor kip, omdat dat veelzijdig is en in allerlei gerechten kan worden gebruikt. Ik koop

carne di manzo nutrita con erba e **pollo** allevato all'aperto. Il macellaio era un uomo cordiale, sempre allegro nonostante le lunghe ore di lavoro. Mi ha incartato i petti di pollo e la bistecca prima di parlarmi dei suoi programmi per il fine settimana. Lo salutai e proseguii per la mia strada. Ho preso anche delle uova e del formaggio dal reparto latticini.

Il mercato era pieno di gente, tutti desiderosi di mettere le **mani sui** prodotti freschi e sulla carne che venivano offerti. Nell'aria si sentiva l'odore dell'aglio e delle cipolle, e il suono delle risate e delle conversazioni riempiva l'aria. Mi feci strada tra la folla, scegliendo gli altri articoli necessari per la mia spesa settimanale. Riempii il mio **cestino** di frutta e verdura, pasta e pane, prima di dirigermi alla cassa. La fila era lunga, ma si snodava rapidamente. Finalmente gli ultimi acquisti furono fatti ed era ora di tornare a casa. La macchina è stata caricata e il viaggio verso casa è stato lungo e noioso. Il traffico era intenso e il caldo opprimente. Alla fine l'auto entrò nel vialetto e il sollievo fu palpabile. La casa era fresca e silenziosa ed era un rifugio dopo il **trambusto** del mercato. Tutto fu messo a posto e la casa tornò presto alla sua solita pace e tranquillità. Avevo tutto il necessario per preparare dei piatti **deliziosi** per me e per la mia famiglia. Era bello essere a casa.

ook een paar verschillende stukken vlees, en zorg
ervoor dat ik grasgevoerd rundvlees en **scharrelkip
koop**. De slager was een vriendelijke man, altijd vrolijk
ondanks de lange uren die hij werkte. Hij pakte mijn
kippenborst en biefstuk in voordat hij met me praatte
over zijn weekendplannen. Ik nam afscheid van hem en
vervolgde mijn weg. Ik heb ook nog wat eieren en kaas
meegenomen uit de zuivelafdeling.

Het krioelde van de mensen op de markt, die allemaal
stonden te popelen om de verse producten en het vlees
dat werd aangeboden in **handen te** krijgen. De lucht
hing vol met de geur van knoflook en uien, en het geluid
van gelach en gesprekken vulde de lucht. Ik baande me
een weg door de menigte en zocht de andere dingen
uit die ik nodig had voor mijn wekelijkse boodschappen.
Ik vulde mijn **mandje** met fruit en groenten, pasta
en brood, voordat ik naar de kassa ging. De rij was
lang, maar het ging snel. Eindelijk waren de laatste
boodschappen gedaan, en was het tijd om naar huis te
gaan. De auto werd volgeladen, en de rit naar huis was
lang en moeizaam. Het verkeer was druk en de hitte
was drukkend. Eindelijk reed de auto de oprit op en
de opluchting was voelbaar. Het huis was koel en stil,
en het was een oase na de drukte van de markt. Alles
werd opgeborgen, en het huis was al snel weer in zijn
gebruikelijke rust en stilte. Ik had alles wat ik nodig had
om **heerlijke** maaltijden te maken voor mezelf en voor
mijn gezin. Het was goed om thuis te zijn.

Domande di comprensione

1. Dove sta andando la persona?

2. Cosa vuole comprare la persona?

3. Quante borse ha la persona?

4. Quanto è lontano il mercato?

5. Cosa sta facendo la persona in questo momento?

6. Che cos'è il mercato?

7. Quante persone ci sono nel mercato?

8. Quanto tempo ha impiegato la persona a comprare tutto?

9. Come è tornata a casa la persona?

10. Cosa ha fatto la persona quando è tornata a casa?

Begrip vragen

1. Waar gaat de persoon heen?

2. Wat wil de persoon kopen?

3. Hoeveel tassen heeft de persoon?

4. Hoe ver weg is de markt?

5. Wat doet de persoon op dit moment?

6. Wat is alles op de markt?

7. Hoeveel mensen zijn er op de markt?

8. Hoe lang heeft de persoon erover gedaan om alles te kopen?

9. Hoe is de persoon naar huis gegaan?

10. Wat deed de persoon toen hij of zij thuiskwam?

In un caffè

Era una fredda mattina **d'autunno** e avevo fissato un appuntamento con la mia amica Lily al nostro bar preferito per un caffè. Mi avvolsi al caldo nel cappotto e nella sciarpa e mi avviai. Le foglie cadevano dagli alberi e l'aria era pungente, ma il sole splendeva e prometteva di essere una bella giornata. Mentre camminavo, **pensavo** a quanto fosse bello avere un'amica come Lily. Eravamo amiche da anni, da quando ci eravamo conosciute all'**università**. Avevamo legato per il nostro amore per il caffè e per il tempo trascorso a chiacchierare nei bar. Anche se ora vivevamo in zone diverse della città, riuscivamo comunque a incontrarci per un caffè una volta alla settimana. Arrivai al caffè e Lily era già lì ad aspettarmi. Ci salutammo con un abbraccio e poi ordinammo i nostri caffè. Trovammo un tavolo vicino alla finestra e ci sedemmo a chiacchierare. Il **caffè** era delizioso, come sempre, ed è stato così bello recuperare il tempo perduto con Lily. Parlammo della nostra settimana, dei nostri lavori e dei nostri progetti per il futuro. Era sempre così facile parlare con Lily e mi sembrava di poterle dire tutto. Dopo un po' cominciammo ad avere fame e **decidemmo** di ordinare qualcosa da mangiare.

Ordinammo il cibo e trovammo posto vicino alla

In een café

Het was een kille **herfstochtend** en ik had met mijn vriendin Lily afgesproken in ons favoriete café voor een kopje koffie. Ik wikkelde me warm in mijn jas en sjaal en ging op weg. De bladeren vielen van de bomen en de lucht was een beetje fris, maar de zon scheen en het beloofde een mooie dag te worden. Terwijl ik liep, **dacht** ik aan hoe goed het was om een vriendin als Lily te hebben. We waren al jaren vriendinnen, sinds we elkaar op de **universiteit** ontmoetten. We kregen een band door onze voorliefde voor koffie en het kletsen in cafés. Ook al woonden we nu in verschillende delen van de stad, we kwamen nog steeds één keer per week samen om koffie te drinken. Ik kwam aan bij het café, en Lily zat daar al op me te wachten. We omhelsden elkaar en bestelden onze koffie. We vonden een tafeltje bij het raam en gingen zitten kletsen. De **koffie** was heerlijk, zoals altijd, en het was zo leuk om bij te praten met Lily. We spraken over onze week, onze banen, en onze plannen voor de toekomst. Het was altijd zo makkelijk om met Lily te praten, en ik had het gevoel dat ik haar alles kon vertellen. Na een tijdje begonnen we honger te krijgen en **besloten we** wat eten te bestellen.

We **bestelden** ons eten en zochten een plaatsje bij het raam. De zon scheen door het raam naar binnen,

finestra. Il sole entrava dalla finestra, rendendo tutto più caldo e felice. Chiacchierammo mentre mangiavamo, godendoci il semplice piacere di stare in **compagnia**.
Il caffè era affollato, ma non sembrava affollato. C'era una sensazione di pace e soddisfazione nell'aria.
Finito il cibo, ci sedemmo ancora per un po', godendoci l'**atmosfera** tranquilla. Abbiamo parlato per un po' di cose diverse che stavano accadendo nelle nostre vite.
È stato così bello recuperare il tempo perduto con la mia amica e **rilassarsi**. Il sole splendeva attraverso la finestra e sembrava che **nulla** potesse rovinare la nostra giornata perfetta.

All'improvviso sentii un forte schianto. Mi girai e vidi che un uomo era caduto dal soffitto e giaceva sul pavimento di fronte a noi. Era **coperto** di polvere e detriti e sembrava privo di sensi. Io e il mio amico eravamo entrambi sotto shock mentre fissavamo l'uomo steso sul pavimento. Non sapevamo cosa fare o chi chiamare aiuto. Rimanemmo lì a fissarlo, senza sapere cosa fare. Dopo qualche minuto mi sono ripreso e ho chiamato il 911. L'operatore mi disse che qualcuno sarebbe arrivato presto. Riattaccai il telefono e raccontai al mio amico quello che mi aveva detto l'**operatore**. Rimanemmo entrambe sedute ad aspettare l'arrivo dei soccorsi. Sembrava un'eternità, ma alla fine **arrivò** un'ambulanza. I paramedici si precipitarono e iniziarono a lavorare sull'uomo.

waardoor alles warm en gelukkig aanvoelde. We babbelden terwijl we ons eten aten, en genoten van het simpele plezier om in elkaars **gezelschap** te zijn. Het was druk in het café, maar het voelde niet druk aan. Er hing een gevoel van vrede en tevredenheid in de lucht. Toen we ons eten op hadden, bleven we nog een tijdje zitten, genietend van de vredige **sfeer**. We praatten een tijdje over verschillende dingen die in ons leven waren gebeurd. Het was zo fijn om bij te praten met mijn vriend en gewoon **te ontspannen**. De zon scheen door het raam, en het voelde alsof **niets** onze perfecte dag kon verpesten.

Plotseling hoorde ik een harde klap. Ik draaide me om en zag dat een man door het plafond was gevallen en voor ons op de grond lag. Hij was **bedekt** met stof en puin en leek bewusteloos te zijn. Mijn vriend en ik waren allebei in shock toen we naar de man staarden die op de grond lag. We wisten niet wat we moesten doen of wie we moesten bellen voor hulp. We zaten daar gewoon naar hem te staren, niet wetend wat te doen. Na een paar minuten kwam ik bij en belde 911. De telefoniste zei me dat er zo iemand zou komen. Ik hing de telefoon op en vertelde mijn vriend wat de **telefoniste** had gezegd. We zaten daar allebei te wachten tot er hulp kwam. Het leek wel een eeuwigheid, maar uiteindelijk **kwam** er een ambulance. De ambulancebroeders snelden naar binnen en begonnen met de man te werken.

Domande di comprensione

1. Da dove viene l'uomo che cade dal tetto?

2. Perché la donna è con la sua amica nel caffè?

3. Qual è il caffè preferito dai due amici?

4. Da quanto tempo i due amici si conoscono?

5. Qual è la bevanda preferita dai due amici?

6. In quale città vivono i due amici?

7. Quanto spesso si incontrano i due amici?

8. Di cosa parlano i due amici quando si incontrano per la prima volta nel loro caffè preferito?

9. Qual è il cibo preferito dai due amici?

10. Perché è così facile parlare con Lily?

Begrip vragen

1. Waar komt de man vandaan die door het dak valt?

2. Waarom is de vrouw met haar vriendin in het café?

3. Wat is het favoriete café van de twee vrienden?

4. Hoe lang kennen de twee vrienden elkaar al?

5. Wat is het favoriete drankje van de twee vrienden?

6. In welke stad wonen de twee vrienden?

7. Hoe vaak ontmoeten de twee vrienden elkaar?

8. Waar hebben de twee vrienden het over als ze elkaar voor het eerst ontmoeten in hun favoriete café?

9. Wat is het lievelingseten van de twee vrienden?

10. Waarom is het zo makkelijk om met Lily te praten?

Andare a nuotare

La piscina era sempre un luogo **rinfrescante** e oggi non era diverso. Il sole splendeva e l'acqua sembrava invitante. Feci un respiro profondo e mi tuffai, sentendo il fresco abbraccio dell'acqua. Nuotai per un po', godendomi l'esercizio e la possibilità di schiarirmi le idee. Dopo un po' uscii e mi asciugai, poi mi sedetti su un asciugamano per rilassarmi al sole. Chiusi gli occhi e lasciai che il **calore** mi investisse, sentendo i miei muscoli iniziare a rilassarsi. All'improvviso sentii uno spruzzo e aprii gli occhi per vedere la mia sorellina **che sguazzava** nel basso fondale. Sorrisi e la osservai per un po', poi mi alzai e mi avvicinai a lei. Chiacchierammo per un po' e pagaiarono insieme, godendo della reciproca compagnia. Presto i nostri genitori ci raggiunsero e passammo il resto del pomeriggio nuotando e giocando insieme. Era sempre così bello passare del tempo con la famiglia in piscina. C'è **qualcosa** nello stare in acqua che sembra unire le persone. Forse perché quando siamo in acqua siamo tutti uguali, non possiamo nascondere i nostri difetti o fingere di essere ciò che non siamo. O forse è solo perché è divertente! **Qualunque sia** la ragione, mi ha fatto piacere che ci siamo riuniti tutti insieme e che ci siamo goduti la reciproca compagnia in un luogo così speciale.

Gaan zwemmen

Het zwembad was altijd een **verfrissende** plek om te zijn, en vandaag was dat niet anders. De zon scheen en het water zag er uitnodigend uit. Ik haalde diep adem en dook erin, de koele omhelzing van het water voelend. Ik zwom een tijdje baantjes, genoot van de beweging en de kans om mijn hoofd leeg te maken. Na een tijdje kwam ik eruit en droogde me af, waarna ik op een handdoek ging zitten om te relaxen in de zon. Ik sloot mijn ogen en liet de **warmte** over me heen spoelen, ik voelde mijn spieren ontspannen. Plotseling hoorde ik een plons en ik opende mijn ogen om mijn kleine zusje te zien **poedelen** in het ondiepe gedeelte. Ik glimlachte en keek een tijdje naar haar, stond toen op en liep naar haar toe. We kletsten wat en peddelden samen wat rond, genietend van elkaars gezelschap. Al snel kwamen onze ouders erbij, en we brachten de rest van de middag zwemmend en spelend door. Het was altijd zo leuk om tijd met de familie in het zwembad door te brengen. Er is **iets** met in het water zijn dat mensen samenbrengt. Misschien is het omdat we allemaal gelijk zijn als we in het water zijn - we kunnen onze gebreken niet verbergen of doen alsof we iets zijn wat we niet zijn. Of misschien is het gewoon omdat het leuk is! **Wat** de reden ook is, ik was gewoon blij dat we allemaal bij elkaar konden komen en van elkaars gezelschap

Il sole batteva sulla mia pelle e l'odore di cloro era nell'aria. Sentivo il rumore dei bambini che ridevano e sguazzavano nella piscina. Ero sdraiata su una sedia a **sdraio** accanto alla piscina, a prendere il sole e a **godermi la** giornata. Avevo gli occhi chiusi e stavo per addormentarmi quando sentii qualcuno avvicinarsi a me. Aprii gli occhi e vidi una donna in piedi accanto a me. Indossava un bikini e aveva un asciugamano avvolto intorno alla vita. Aveva lunghi capelli biondi e occhi azzurri. Aveva in mano un flacone di **crema solare**. "Ti dispiace se ti metto un po' di crema solare sulla schiena?", mi chiese. "No, va bene", risposi, sedendomi in modo che potesse raggiungermi la schiena. Sentii le sue mani sulla mia pelle mentre applicava la crema solare.

Il suo tocco era delicato e il profumo della crema solare era rilassante. Chiusi di nuovo gli occhi e mi rilassai. Sentivo il **rumore** dei suoi movimenti, ma non aprii gli occhi. Mi accontentai di stare sdraiato al sole, ascoltando il rumore delle onde **che si infrangevano** sulla riva. Dopo qualche minuto si allontanò e io aprii gli occhi. La guardai mentre tornava alla sua poltrona e prendeva il suo libro. Si sistemò sulla sedia e iniziò a leggere. Chiusi di nuovo gli occhi e mi lasciai andare al sonno.

konden genieten op zo'n speciale plek.

De zon scheen op mijn huid en de geur van chloor hing in de lucht. Ik kon de geluiden horen van lachende kinderen die in het zwembad spetterden. Ik lag op een ligstoel naast het zwembad, te genieten van de zon en **de** dag. Ik had mijn ogen gesloten en wilde net in slaap vallen toen ik iemand naar me toe hoorde lopen. Ik opende mijn ogen en zag een vrouw naast me staan. Ze droeg een bikini en had een handdoek om haar middel gewikkeld. Ze had lang blond haar en blauwe ogen. Ze hield een fles **zonnebrandcrème** in haar hand. "Vind je het erg als ik wat zonnebrandcrème op je rug smeer?" vroeg ze. "Nee, dat hoeft niet," zei ik, terwijl ik rechtop ging zitten zodat ze bij mijn rug kon. Ik voelde haar handen op mijn huid terwijl ze de zonnebrandcrème aanbracht.

Haar aanraking was zacht en de geur van de zonnebrandcrème was kalmerend. Ik sloot mijn ogen weer en liet me ontspannen. Ik kon het **geluid** van haar bewegingen horen, maar ik opende mijn ogen niet. Ik was tevreden met het feit dat ik daar in de zon lag, luisterend naar het geluid van de golven **die** tegen de kust sloegen. Na een paar minuten liep ze weg, en ik opende mijn ogen. Ik keek naar haar terwijl ze terugliep naar haar ligstoel en haar boek oppakte. Ze nestelde zich in haar stoel en begon te lezen. Ik sloot mijn ogen weer en liet me wegdrijven in slaap.

Domande di comprensione

1. Dove si trovava il narratore quando ha iniziato la storia?

2. Che odore sente il narratore quando apre gli occhi?

3. Cosa sente il narratore quando apre gli occhi?

4. Di chi è la crema solare che la donna dà al narratore?

5. Che cosa sogna il narratore?

6. Perché il bagno in mare è così speciale per il narratore?

7.Come si sente l'acqua in cui nuota il narratore?

8. Cosa vede il narratore quando esce dall'acqua?

9. Cosa fa la donna dopo aver messo la crema solare al narratore?

10. Di che cosa parlano il narratore e la donna alla fine della storia?

Begrip vragen

1. Waar was de verteller toen hij het verhaal begon?

2. Wat ruikt de verteller als hij zijn ogen opent?

3. Wat hoort de verteller als hij zijn ogen opent?

4. Van wie is de zonnebrandcrème die de vrouw aan de verteller geeft?

5. Waar droomt de verteller over?

6. Waarom is zwemmen in de zee zo speciaal voor de verteller?

7. Hoe voelt het water aan waarin de verteller zwemt?

8. Wat ziet de verteller als hij uit het water komt?

9. Wat doet de vrouw nadat ze de verteller heeft ingesmeerd met zonnebrandcrème?

10. Waarover praten de verteller en de vrouw aan het eind van het verhaal?

Tagliare il prato

Sono le 10 del mattino di un **sabato** estivo e il sole picchia già senza pietà. Si va in garage a prendere il tosaerba, con la sensazione di essere **condannati** ai lavori forzati. Iniziate a tagliare il prato, facendo attenzione ad andare piano per non perdere nessun punto. Mentre si taglia, si pensa a quanto sia bello stare all'aria aperta. Mentre iniziate a spingere il tosaerba avanti e indietro per il prato, con la coda dell'**occhio** vedete il vostro vicino. Lo salutate con la mano e lui ricambia.

Dopo qualche minuto, avete finito e vi recate a casa del vostro vicino per bere una birra con lui nel giardino davanti a casa. È una giornata **perfetta**: non fa troppo caldo e soffia una leggera brezza. Ci si siede all'ombra dell'albero, sorseggiando la birra e chiacchierando con il vicino. Sono giornate come questa che fanno apprezzare l'estate. Poi si **entra** in casa per una meritata birra. Ci si sdraia su una sedia del portico e si apre la lattina, tirando un sospiro soddisfatto. Il rumore del tosaerba passa in secondo piano mentre vi rilassate all'ombra, godendovi la **tranquillità del** momento. La birra ha un sapore ancora più buono dopo tutto quel duro lavoro al caldo. Stavo per rientrare in casa quando

Het maaien van het gazon

Het is 10 uur 's ochtends op een zomerse **zaterdag**, en de zon schijnt al ongenadig. Je sjokt naar de garage om de grasmaaier te halen, met het gevoel dat je **veroordeeld bent** tot dwangarbeid. Je begint het gazon te maaien, en zorgt ervoor dat je het rustig aan doet, zodat je niets over het hoofd ziet. Terwijl je aan het maaien bent, denk je aan hoe goed het voelt om buiten in de frisse lucht te zijn. Terwijl u de maaier heen en weer over het gazon duwt, ziet u uw buurman vanuit uw **ooghoek**. Je zwaait en zegt hallo, en hij zwaait terug.

Na een paar minuten ben je klaar, en je gaat naar het huis van je buurman om met hem een biertje te drinken in de voortuin. Het is een **perfecte** dag - niet te warm, met een zacht briesje. Je zit daar in de schaduw van de boom, nipt van je biertje en kletst wat met je buurman. Het zijn dagen als deze die je de zomer doen waarderen. Dan **ga** je naar binnen voor een welverdiend biertje. Je ploft neer in een stoel op de veranda, trekt het blikje open en slaakt een tevreden zucht. Het geluid van de maaier verdwijnt naar de achtergrond terwijl je in de schaduw ontspant en geniet van de **rust** van het moment. Het bier smaakt extra goed na al dat harde werk in de hitte. Ik stond op het

ho sentito un rumore nella stanza accanto.

Sembrava che qualcuno stesse piangendo. Smisi di falciare e mi avvicinai alla recinzione che separava i nostri cortili. Mi affacciai e vidi la mia vicina, la signora Johnson, che piangeva sul dondolo del suo portico. La chiamai, ma non mi sentì. Scavalcai la recinzione e mi avvicinai a lei. "Signora Johnson, sta bene?". Le chiesi. Lei mi guardò con le lacrime agli occhi e scosse la testa. "No, non sto bene", disse. "Ieri è morto il mio gatto". Ero scioccato. Non sapevo cosa dire. Rimasi lì impacciato, senza sapere cosa fare. Alla fine le misi una mano sulla **spalla** e dissi: "Mi dispiace molto, signora Johnson. Se posso fare qualcosa per aiutarla, me lo faccia sapere". "Lei scosse la testa e disse: "No, nessuno può fare **niente**". Poi si alzò ed entrò in casa sua. Rimasi lì per un momento, senza sapere cosa fare. Poi tornai a tagliare il prato. Mentre finivo, non potei fare a meno di pensare alla signora Johnson e al suo gatto.

punt om naar binnen te gaan toen ik een geluid hoorde bij de buren.

Het **klonk** alsof iemand huilde. Ik stopte met maaien en liep naar het hek dat onze tuinen scheidde. Ik keek om en zag mijn buurvrouw, mevrouw Johnson, huilen op haar schommelbank. Ik riep naar haar, maar ze hoorde me niet. Ik klom over het hek en liep naar haar toe. "Mevrouw Johnson, is alles goed met u?" vroeg ik. Ze keek met tranen in haar ogen naar me op en schudde haar hoofd. "Nee, het gaat niet goed met me," zei ze. "Mijn kat is gisteren gestorven." Ik was geschokt. Ik wist niet wat ik moest zeggen. Ik stond daar maar wat ongemakkelijk, niet wetend wat ik moest doen. Uiteindelijk legde ik mijn hand op haar **schouder** en zei: "Het spijt me zo, mevrouw Johnson. Als er iets is wat ik kan doen om te helpen, laat het me alsjeblieft weten. "Ze schudde haar hoofd en zei: Nee, er is **niets** dat iemand kan doen. Toen stond ze op en ging haar huis binnen. Ik stond daar een ogenblik, niet wetend wat te doen. Toen ging ik verder met het maaien van mijn gazon. Toen ik klaar was, moest ik denken aan mevrouw Johnson en haar kat.

Domande di comprensione

1. Che ora è?

2. Dove si trova la persona che sta falciando?

3. Come si sente la persona?

4. Perché la persona deve falciare lentamente?

5. Che tempo fa?

6. Cosa fa la persona dopo la falciatura?

7. Cosa sente la persona prima di tornare a casa?

8. Chi è con la signora Johnson?

9. Perché la signora Johnson piange?

10. Cosa dice la persona alla signora Johnson?

Begrip vragen

1. Hoe laat is het?

2. Waar is de persoon aan het maaien?

3. Hoe voelt de persoon zich?

4. Waarom moet de persoon langzaam maaien?

5. Wat voor weer is het?

6. Wat doet de persoon na het maaien?

7. Wat hoort de persoon voordat hij naar huis gaat?

8. Wie is er bij Mrs Johnson?

9. Waarom huilt Mrs Johnson?

10. Wat zegt de persoon tegen Mrs. Johnson?

Tagliarsi i capelli

Erano settimane che volevo tagliarmi i capelli, ma
in qualche modo riuscivo sempre a rimandare. Ma
con il **Natale** alle porte, sapevo che non potevo più
rimandare. Non volevo presentarmi alla cena di Natale
della mia famiglia con un aspetto trasandato. Così,
la mattina presto di Natale, mi sono recata al salone.
Anche se era presto, il salone era già pieno di persone
che **si facevano** fare i capelli per le feste. Presi posto
nella fila e aspettai il mio turno. Finalmente arrivò il
mio turno sulla poltrona. La parrucchiera, una donna
gentile di nome Jill, mi chiese cosa volessi. "Solo una
spuntatina, niente di troppo drastico", risposi. Jill si
mise al lavoro, tagliando i miei capelli. Mentre lavorava,
cominciai a rilassarmi. Mi sentivo bene a prendermi
finalmente cura di me stessa. Ultimamente ero stata
così occupata a correre in giro per prendermi cura di
tutti gli altri, che avevo lasciato cadere in secondo piano
i miei bisogni. Ma **ora** non **più**. D'ora in poi avrei trovato
il tempo per me stessa.

Quando Jill ha finito, mi sono guardata allo specchio
e sono rimasta soddisfatta di ciò che ho visto. I miei
capelli avevano un aspetto ordinato e curato, perfetto
per le feste. **Ringraziai** Jill e presi **nota** di tornare
più spesso. D'ora in poi mi prenderò cura di me

Naar de kapper

Ik wilde al weken naar de kapper, maar op de een of andere manier kon ik het steeds uitstellen. Maar met **Kerstmis voor de deur**, wist ik dat ik het niet langer kon uitstellen. Ik wilde niet op het kerstdiner van mijn familie verschijnen als een smerige puinhoop. Dus, vroeg op kerstochtend, ging ik naar de salon. Hoewel het nog vroeg was, was de salon al druk bezig met andere mensen **die** hun haar lieten doen voor de feestdagen. Ik nam plaats in de rij en wachtte op mijn beurt. Eindelijk was het mijn beurt in de stoel. De styliste, een vriendelijke vrouw die Jill heette, vroeg me wat ik wilde. "Gewoon een knipbeurt, niets te drastisch," antwoordde ik. Jill ging aan de slag en knipte mijn haar weg. Terwijl ze werkte, begon ik te ontspannen. Het voelde goed om eindelijk voor mezelf te zorgen. Ik had het de laatste tijd zo druk gehad met voor iedereen te zorgen, dat ik mijn eigen behoeften aan de kant had laten liggen. Maar **nu** niet **meer**. Van nu af aan, zou ik tijd voor mezelf maken.

Toen Jill klaar was, keek ik in de spiegel en was blij met wat ik zag. Mijn haar zag er netjes en gepolijst uit-perfect voor vakantie bijeenkomsten. Ik **bedankte** Jill en maakte een notitie om vaker terug te komen. Van nu af aan zal ik in de eerste plaats voor mezelf

stessa prima di tutto. Si mise al lavoro per tagliare i miei capelli. Pensai a quanto fossi grata di essermi finalmente decisa a tagliarmi i capelli. Era bello sapere che sarei stata presentabile per la **cena** di Natale. Non avrei più dovuto preoccuparmi che la mia famiglia mi prendesse in giro per il mio aspetto "trasandato". Dopo qualche minuto, la parrucchiera finì di tagliarmi i capelli e mi diede una rapida asciugata. Mi guardai allo specchio e fui felice di ciò che vedevo: un look pulito che sarebbe stato perfetto per la cena di Natale. Ora che il taglio di capelli era stato superato, potevo concentrarmi sulle vacanze con la mia famiglia. Ed ero ancora più grata per questo.

Mi sentivo così **libera** e adoravo l'aspetto del mio nuovo taglio di capelli. Dopo aver pagato il taglio, sono tornata a casa e ho iniziato a fare i bagagli per il mio viaggio. **Non** vedevo l'ora di mostrare il mio nuovo look alla mia famiglia e ai miei amici. Sapevo che sarebbero rimasti sorpresi quando mi avrebbero visto. Il giorno del volo sono arrivata all'aeroporto con molto tempo a disposizione. Ho passato i controlli di sicurezza senza problemi e presto sono partita. Non appena arrivai a destinazione, sentii l'eccitazione nell'aria. Il Natale era decisamente nell'aria! La mia famiglia era lì ad accogliermi all'aeroporto ed erano tutti stupiti del mio nuovo taglio di capelli. Abbiamo trascorso i giorni successivi a **chiacchierare** e a goderci la reciproca **compagnia**.

zorgen. Ze begon aan mijn haar te knippen. Ik dacht eraan hoe dankbaar ik was dat ik er eindelijk aan toe was gekomen om mijn haar te laten knippen. Het voelde goed om te weten dat ik er toonbaar uit zou zien voor **het kerstdiner**. Ik hoefde me geen zorgen meer te maken dat mijn familie me zou plagen over mijn "smerige" uiterlijk. Na een paar minuten was de styliste klaar met het knippen van mijn haar en föhnde ze me snel. Ik keek in de spiegel en was blij met wat ik zag: een strak geknipt kapsel dat perfect zou zijn voor het kerstdiner. Nu mijn kapsel achter de rug was, kon ik me concentreren op de feestdagen met mijn gezin. En daar was ik nog dankbaarder voor.

Het voelde zo **bevrijdend**, en ik hield van de manier waarop mijn nieuwe kapsel eruit zag. Nadat ik voor mijn kapsel had betaald, ging ik naar huis en begon ik in te pakken voor mijn reis. Ik **kon niet** wachten om mijn nieuwe look aan mijn familie en vrienden te tonen. Ik wist dat ze verrast zouden zijn als ze me zouden zien. Op de dag van mijn vlucht kwam ik ruim op tijd aan op de luchthaven. Ik ging zonder problemen door de beveiliging en al snel was ik op weg. Zodra ik op mijn bestemming aankwam, kon ik de opwinding in de lucht voelen. Kerstmis hing zeker in de lucht! Mijn familie was er om me op de luchthaven te begroeten, en ze waren allemaal verbaasd over mijn nieuwe kapsel. We brachten de volgende dagen door **met bijpraten** en genieten van elkaars **gezelschap**.

Domande di comprensione

1. Che cosa doveva fare il protagonista prima di Natale?

2. Come si è sentita la protagonista nel prendersi cura di sé?

3. Chi ha tagliato i capelli al protagonista?

4. Perché la famiglia della protagonista la prendeva in giro?

5. Come si è sentita la protagonista dopo essersi tagliata i capelli?

6. Che cosa ha fatto la protagonista dopo essersi tagliata i capelli?

7. Qual è stata la reazione della famiglia della protagonista al suo taglio di capelli?

8. Che cosa ha fatto il protagonista la vigilia di Natale?

9. Cosa ha reso più speciale l'esperienza del protagonista?

10. Cosa succederebbe se il protagonista non si tagliasse i capelli?

Begrip vragen

1. Wat moest de hoofdpersoon doen voor Kerstmis?

2. Hoe vond de hoofdpersoon het om voor zichzelf te zorgen?

3. Wie heeft het haar van de hoofdpersoon geknipt?

4. Waarom ging de familie van de hoofdpersoon haar plagen?

5. Hoe voelde de hoofdpersoon zich nadat ze naar de kapper was geweest?

6. Wat heeft de hoofdpersoon gedaan nadat ze naar de kapper is geweest?

7. Wat was de reactie van de familie van de hoofdpersoon op haar kapsel?

8. Wat deed de hoofdpersoon op kerstavond?

9. Wat maakte de ervaring van de hoofdpersoon specialer?

10. Wat zou er gebeuren als de hoofdpersoon niet naar de kapper zou gaan?

Il parco

Il sole stava tramontando e il parco era vuoto. Mi sedetti sulla panchina ad aspettare la mia **amica**. Avevamo programmato di incontrarci qui un'ora fa, ma lei era sempre in ritardo. Proprio quando stavo per arrendermi e tornare a casa, la vidi correre verso di me. "Mi dispiace tanto", ansimò quando raggiunse la panchina. "Il mio treno è **in ritardo**". "Non c'è problema", dissi **con indulgenza**. "Sono appena arrivato anch'io". Ci siamo seduti e abbiamo chiacchierato per un po', aggiornandoci sulle nostre vite dall'ultima volta che ci siamo visti. La conversazione è fluita **facilmente** e ci è sembrato che non fosse passato affatto del tempo dall'ultima volta che ci siamo visti. Al tramonto ci siamo salutati e abbiamo preso strade diverse. La volta successiva ci incontrammo in un altro parco. Anche in questo caso era in ritardo, ma non mi dispiaceva. Era bello avere qualcuno con cui parlare che mi **capisse**. Parlammo dei nostri sogni e delle nostre **aspirazioni**, delle cose che volevamo fare nella nostra vita. Lei mi parlò dei suoi progetti di viaggiare per il mondo e io le confidai il mio sogno di diventare scrittrice. Al tramonto di un altro giorno, ci siamo salutate ancora una volta, promettendo di tenerci in contatto questa volta.

Gli anni sono passati e la nostra **amicizia** è rimasta

Het park

De zon ging onder, en het park was leeg. Ik zat op het bankje te wachten op mijn **vriendin**. We hadden hier al een uur geleden afgesproken, maar ze was altijd te laat. Net toen ik het wilde opgeven en naar huis wilde gaan, zag ik haar naar me toe rennen. "Het spijt me zo," hijgde ze toen ze de bank bereikte. "Mijn trein **had vertraging**." "Het is goed," zei ik **vergevingsgezind**. "Ik ben hier net zelf." We gingen zitten en praatten een poosje, praatten bij over elkaars leven sinds we elkaar voor het laatst zagen. Het gesprek verliep **vlot**, en het leek alsof er helemaal geen tijd was verstreken sinds we elkaar voor het laatst hadden gezien. Toen de zon onderging, namen we afscheid en gingen onze eigen weg. De volgende keer dat we elkaar zagen, was in een ander park. Weer was ze te laat, maar dat vond ik niet erg. Het was fijn om iemand te hebben om mee te praten die me **begreep**. We spraken over onze dromen en **aspiraties**, dingen die we wilden doen met ons leven. Zij vertelde me over haar plannen om de wereld rond te reizen, en ik deelde mijn droom om schrijfster te worden. Toen de zon weer onderging, namen we afscheid van elkaar en beloofden we elkaar dit keer te blijven zien.

Jaren gingen voorbij, en onze **vriendschap** bleef sterk,

forte, anche se ora viviamo in zone diverse del Paese. Ci siamo tenute in contatto tramite lettere e telefonate occasionali, condividendo le notizie della nostra vita. Quando annunciò che si sarebbe sposata, non ne fui **sorpreso**: era sempre stata un tipo **avventuroso**. Ma quando mi ha chiesto di farle da damigella d'onore alla cerimonia di matrimonio che si sarebbe svolta a metà strada dal luogo in cui vivevo... c'è voluto un po' per convincerla! Alla fine, però, non potevo permettere che la mia migliore amica si sposasse senza di me al suo fianco, così, nonostante le mie paure (e dopo molte suppliche da parte sua!), ho **accettato** di partecipare a quella che si è rivelata l'**avventura** di una vita.

Finalmente è arrivato il giorno del **matrimonio**. Ero nervosa, ma entusiasta di partecipare a un momento così importante della vita della mia amica. La cerimonia è stata bellissima e lei sembrava felice mentre pronunciava le sue promesse. **Dopo**, abbiamo festeggiato con una grande festa: sembrava che tutti i suoi conoscenti fossero venuti a festeggiare con lei! È stato un giorno **magico** che non dimenticherò mai, e la nostra amicizia si è rafforzata dopo quell'avventura. Ora, a distanza di anni, ci teniamo ancora in contatto. Siamo **cambiate** molto da quando ci siamo conosciute, ma la nostra amicizia è più forte che mai.

ook al woonden we nu in verschillende delen van het land. We hielden contact door middel van brieven en af en toe telefoontjes, waarbij we nieuws over ons leven met elkaar deelden. Toen ze aankondigde dat ze ging trouwen, was ik niet **verbaasd** - ze was altijd al een **avontuurlijk** type geweest. Maar toen ze me vroeg of ik haar bruidsmeisje wilde zijn op haar huwelijksceremonie, dat halverwege de wereld zou plaatsvinden, van waar ik woonde... daar was wel wat overtuigingskracht voor nodig! Maar uiteindelijk kon ik mijn beste vriendin niet laten trouwen zonder mij aan haar zijde, dus ondanks mijn angsten (en na veel smeken van haar!) **stemde** ik ermee in om mee te gaan op wat het **avontuur** van mijn leven bleek te zijn.

De dag van de **bruiloft was** eindelijk aangebroken. Ik was nerveus, maar opgewonden om deel uit te maken van zo'n belangrijk moment in het leven van mijn vriendin. De ceremonie was prachtig, en ze zag er gelukkig uit toen ze haar geloften aflegde. **Daarna** vierden we het met een groot feest - het leek wel of iedereen die ze kende was gekomen om het met haar te vieren! Het was een **magische** dag die ik nooit zal vergeten, en onze vriendschap is na dat avontuur alleen maar sterker geworden. Nu, jaren later, houden we nog steeds contact. We zijn allebei veel **veranderd** sinds we elkaar voor het eerst ontmoetten, maar onze vriendschap is nog even sterk als altijd.

Domande di comprensione

1. Dove si sono incontrati per la prima volta l'autrice e la sua amica?

2. Perché l'amico dell'autore è arrivato in ritardo all'incontro?

3. Di che cosa hanno parlato gli amici quando si sono rivisti anni dopo?

4. Come si è sentita l'autrice ad assistere alla cerimonia di matrimonio della sua amica?

5. Descrivete l'ambientazione della cerimonia nuziale.

6. Come è cambiata l'amicizia tra le due donne nel corso del tempo?

7. Qual è il sogno dell'autore?

8. Dove intende viaggiare l'amico dell'autore?

9. Perché l'autrice esitava a partecipare alla cerimonia di matrimonio della sua amica?

Begrip vragen

1. Waar hebben de auteur en haar vriendin elkaar voor het eerst ontmoet?

2. Waarom was de vriend van de auteur te laat op hun afspraak?

3. Waar hadden de vrienden het over toen ze elkaar jaren later weer ontmoetten?

4. Hoe vond de schrijfster het om de huwelijksceremonie van haar vriendin bij te wonen?

5. Beschrijf de omgeving van de huwelijksceremonie.

6. Hoe is de vriendschap tussen de twee vrouwen in de loop der tijd veranderd?

7. Wat is de droom van de auteur?

8. Waar is de vriend van de schrijver van plan heen te reizen?

9. Waarom aarzelde de schrijfster om de huwelijksceremonie van haar vriendin bij te wonen?